네트워크 시리즈 1

# 네트워크 은사발견 사역

성도들의 영적은사 발견과
효과적인 교회사역 배치를 위하여

주교재

빌 하이벨스 외 공저
백 순 외 공역

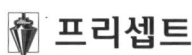
프리셉트

# NETWORK

The Right People... In the Right Places...
For the Right Reasons

## PARTICIPANT'S GUIDE

*Bruce Bugbee · Don Cousins · Bill Hybels*

Zondervan Publishing House
Grand Rapids, Michigan
A Division of Harper Collins Publishers
Originally published in the U.S.A
under the title
NETWORK KIT
Copyright © 1994 by Willow Creek Community Church
Grand Rapids, Michigan

Korean Edition
© 1996 Precept Ministries of Korea
8-1, Cheongnyongmaeul-gil, Seocho-gu, Seoul, Korea

본서의 전부 혹은 일부를 서면허가 없이 복사(프린트, 제록스, 마스터, 사진 및 기타)할 수 없습니다.

## 감사를 전하며

오랜 시간 내 곁을 지켜준 아내와 네 아이들
*Brittany, Brianne, Browyn*
그리고 *Todd*에게 고마운 마음을 전합니다.

# 서 문

윌리엄 맥래(William McRae)는 오늘날의 교회를 비유하여 마치 축구 경기장의 모습과 같다고 하였습니다. 즉 교회에 운집하는 수많은 성도들은 경기장의 관객으로, 격무를 감당하는 교회의 유급 직원들은 고액의 연봉을 받는 프로 선수들로 비유한 것입니다. 이것은 오늘날 우리의 교회가 안고 있는 기형적인 모습을 단적으로 보여 줍니다. 결국 관객으로 전락한 대다수의 성도들은 사역의 주체가 아니라 객체요 평가자일 뿐이고, 섬김과 봉사의 여러 업무는 유급직원과 소수의 평신도 헌신자들에 의해서 독점되고 있습니다.

본래 하나님의 사람들은 구원받는 순간부터 하나님의 교회를 위하여 봉사하도록 은사를 부여받았습니다. 우리가 이 은사를 바로 알고 내게 주신 열정과 스타일을 따라 선한 일을 위하여 헌신할 때, 하나님을 위하여 귀하게 쓰임받게 될 것입니다.

이 자료는 워싱톤 중앙장로교회(담임목사 이원상)의 신희령 전도사님과 백순 장로님 등이 심사숙고하여 구성한 번역팀에서 번역한 초고를 프리셉트성경연구원에서 윤문작업을 하여 편찬한 것입니다.

이 일에 혼신의 수고를 다한 여러 분들께 심심한 감사의 말씀을 드립니다. 또한 이 자료는 원저자와 출판사의 정식 판권 계약하에 편찬한 자료임을 밝힙니다.

이 네트워크 자료는 미국에서 불신자 전도에 가장 강한 매력을 가진 교회, 미국에서 최첨단 문명의 이기를 가장 효과적으로 사용하는 교회, 그리고 최근 미국에서 가장 급성장하는 교회로 알려진 윌로우크릭 교회(Willow Creek Community Church)에서 효과적으로 사용해 왔던, 은사에 따른 사역 배치 프로그램입니다.

미국 본부 자료는 강의 진행 과정상 비디오 상영을 하도록 되어 있는 바, 금번 자료부터 이 비디오 상영 부분을 보완하여 사용할 수 있도록 내용을 수정하였습니다. 비디오는 추후에 완성될 예정입니다.

아무쪼록 이 자료를 통해 교회마다 더욱 많은 성도들이 주님과 교회를 섬기고 많은 열매를 맺으며 더 큰 기쁨으로 사역의 장에 헌신하기를 간절히 기원합니다.

프리셉트성경연구원 대표
김 경 섭 목사

# 머리말

네트워크 자료를 개발한 것은 윌로우크릭 커뮤니티 교회 역사상 가장 획기적인 약진이었습니다.

수년 전에 우리는 신자들 개개인이 소유하고 있는 은사를 발휘하고 하나님이 그들에게 부여하신 독특성을 활용할 수 있는 위치에서 사역하는 것이 예수 그리스도를 향한 성도들의 봉사활동을 꽃피게 한다는 사실을 발견했습니다. 이 네트워크 자료는 성도들로 하여금 그들의 영적은사를 발견케 하고 주님의 몸된 교회에서 효과적으로 사역할 수 있는 곳을 선택하는 것을 돕기 위하여 개발되었습니다.

이 네트워크 사역은 우리들에게 놀라운 결과를 가져다 주고 있습니다. 매해 새로운 봉사자들이 교회의 사역 모임에 참여하고 있는 것과 그들이 자신의 은사를 확신하는 가운데 하나님의 영광을 위한 봉사의 직무에 열정적으로 자신들의 삶을 투자하는 모습을 상상해 보십시오.

이것은 실제로 이루어지고 있는 일입니다.

하나님이 여러분에게도 축복하사 이 훌륭한 자료들을 통하여 놀랍게 성장하는 은혜를 누리기를 소망합니다.

윌로우크릭 커뮤니티 교회<br>
담임목사 빌 하이벨스

# 감사의 글

전도서에서 "해 아래 새 것이 없나니(전도서 1:9)"라고 말씀하였습니다. 이 네트워크 자료들도 역시 해 아래 새로운 것은 아닙니다.

저는 지역교회에서 섬기기 원하는 신앙인들을 위해 간단하고 쉬운 과정을 종합하려고 시도해 왔습니다. 그렇게 함으로 나는 많은 작가, 교사, 지도자 그리고 사역자들의 의견을 참고할 수 있었습니다. 이 자료는 사역에 헌신하기를 바라는 사람들에게 종합적이고 일관된 자료로 추천할 수 있도록 수정되고 편집되고 집필되었습니다. 그러나 많은 사람들의 정보나 도움없이는 불가능했을 것입니다.

피터 와그너(Peter Wagner)의 비젼은 나에게 사역 안에서 이해되고, 발견되고 사용되어지는 영적 은사를 볼 수 있게 해주었습니다. 그의 탁월한 세미나 자료들이 내 사고의 기틀을 제공하였습니다.

빌 하이블스(Bill Hybels)의 가르침을 통해서는 섬김(Servant-hood)과 맹종(Servility)의 차이를 이해하게 되었습니다. 그의 통찰력은 이 자료를 통해서 심화되었습니다. 그는 은사에 기초한 사역을 효과적으로 전개하는데 있어서 리더십을 보여주고 있습니다.

돈 카즌스(Don Cousins)는 사역에 대한 자신의 의견을 정확하게 그리고 실제적으로 제시해주었습니다. 이러한 분별력과 지도력에 관한 그의 은사는 나로 하여금 섬김에 있어서 최고를 지행하도록 하는 사역의 모델을 제시해 주었습니다.

보비 클린튼(Bobby Clinton)은 "영적 은사(Spiritual Gifts)"라는 책에서 영적 은사를 분별하는 몇 가지 방법에 대해서 말해주고 있습니다.

윌로우크릭 교회(Willow Creek Community Church)의 장로들은 이러한 자료들을 개정하는 작업에 있어서 신실하게 자신들의 감독 역할을 수행하고 있습니다.

린 하이블스(Lynne Hybels), 밥 엥스트롬(Barb Engstrom), 줄리 필리피니(Juli Fillipini), 그리고 진 블런트(Jean Blont)는 초기 원고들과 여러 개정판을 교정하는 데 수고를 많이 하였습니다.

웬디 구드리(Wendy Guthrie)는 네트워크 자료의 한 부분인 상호작용적 학습에 포괄적으로 기여하였습니다. 웬디가 성경적 진리와 효과적인 의사 전달에 헌신함으로써 이 과정의 참여자들에게 큰 유익을 가져다 줄 것입니다. 그녀는 이러한 새로운 포맷을 개발하는 분야

# 감사의 글

에서 기획 담당자로 일하고 있습니다.

존 닉스돌프(John Nixdorf)는 개정판을 만드는 과정에서 훈련된 전문가적 지식과 통찰력을 보여주었습니다. 그는 인내심과 지구력을 가지고 지루한 작업을 재미있고 의미있게 감당해내었습니다.

짐 멜라도(Jim Mellado)는 기존의 자료들을 새로운 국제적인 단계에 맞게 조정하는데 촉매자로서 역할을 담당하였습니다. 그는 네트워크 사역을 시작하였고 하나님이 이 네트워크 사역을 통해 어떤 일을 하고 계시는가에 대한 열정과 비전을 나누고 있습니다.

더욱 많은 성도들이 이 자료들을 이용할 수 있게 아낌없는 지지와 지원을 해준 윌로우클릭 협회에 깊은 감사를 전합니다. 이 협회는 네트워크 참가자와 크리스챤 리더들에게 네트워크에서 제시하는, 도전적인 기회들을 제공해주었습니다.

저는 네트워크 초기자료를 배포해준 '전도 및 교회성장을 위한 풀러 연구소(the Fuller Insitute of Evangelism and Church Growth)에 감사를 드리고 싶습니다. 우리는 공통의 한 목적을 나누고 있습니다.

또한 윌로루크릭 교회의 네트워크 사역에 참여하고 있는 많은 분들에게 특별한 감사를 드리고 싶습니다. 저는 여러분들의 조언과 지지로 그리스도의 몸을 더욱 신실하게 그리고 정성을 드려 섬기게 되었습니다.

이 글을 읽는 모든 사람들과 받은 은사들을 신실하게 사용하고 있는 많은 성도들에게 감사의 말씀을 드립니다. 우리는 예수를 위해 살고자 하는 성도들의 공동체, 즉 예수님이 십자가에 피흘려 죽기까지 섬긴 바로 그 세상을 변화시키고자 하는 성도들의 위대한 공동체를 함께 섬기는 특권을 누리게 된 것입니다.

국제 네트워크 사역 담당 목사
브루스 벅비(Bruce Bugbee)

## 목 차

| | | |
|---|---|---|
| 제1장 | 1 | 네트워크 : 영적은사와 사역 |
| 제2장 | 13 | 열정 : 어디에서 봉사할 것인가? |
| 제3장 | 23 | 영적은사 : 나를 향한 하나님의 설계 |
| 제4장 | 33 | 영적은사 : 나의 은사는 무엇인가? |
| 제5장 | 73 | 영적은사 : 나는 무엇을 해야 하는가? |
| 제6장 | 105 | 사랑 : 어떠한 자세로 봉사해야 하는가? |
| 제7장 | 113 | 스타일 : 어떻게 봉사할 것인가? |
| 제8장 | 129 | 봉사 : 봉사는 평생을 통해서 하는 것이다 |
| 부록 | 136 | 과정 평가 |
| | 138 | 영적은사와 혼동하지 말아야 할 것들 |
| | 140 | 상담 준비 |
| | 157 | 다음 단계 |
| | 158 | 인도자를 위하여 |

# 제 1 장
# 네트워크 : 영적은사와 사역

### 중심 성구 : 갈라디아서 5:13

## 개 요

제 1장에서는 다음과 같은 것들을 다루게 됩니다.

1. 네트워크의 목표

2. 네트워크의 진행 과정

3. 봉사하는 두 가지 이유

4. 어떻게 봉사할 것인가(봉사하는 방법) : 봉사자 프로필

• 네트워크 은사배치 사역 •

## 그룹토의

**지침**

1. 그룹에 자신을 소개하십시오.

2. 당신이 왜 네트워크반에 왔는지 말해 보십시오.

3. 우리 교회에 필요한 것은 무엇이라고 생각합니까?

• 제1장  네트워크 : 영적은사와 사역 •

# 네트워크의 소개

**네트워크의 목표**

네트워크의 목표는 신자들로 하여금 보람을 느낄 수 있는 곳에서 봉사하게 함으로써

풍성히 _____ 를 맺고 _____ 을 성취하도록 돕는 것입니다.

"형제들아 너희가 자유를 위하여 부르심을 입었으나 그러나 그 자유로 육체의 기회를 삼지 말고 오직 사랑으로 서로 종노릇 하라" (갈라디아서 5:13)

• 네트워크 은사배치 사역 •

## 네트워크의 소개

**산발적 활동**

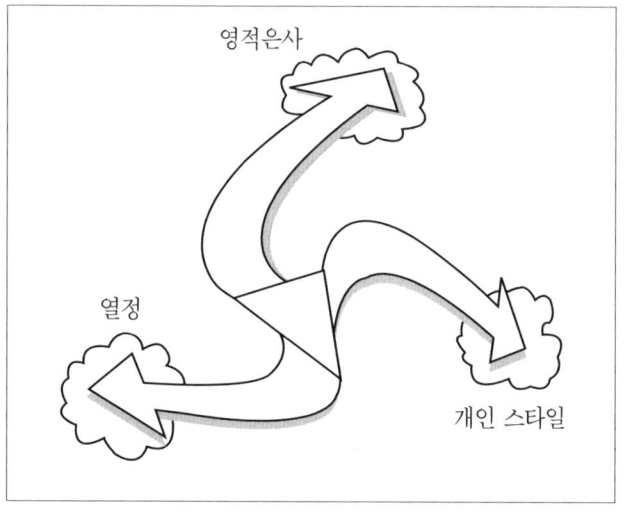

**집중적 활동**

• 제1장  네트워크 : 영적은사와 사역 •

## 네트워크의 소개

### 흩어진 퍼즐 조각들과 같다

### 네트워크는 퍼즐 조각을 모아 맞추어 조합한다

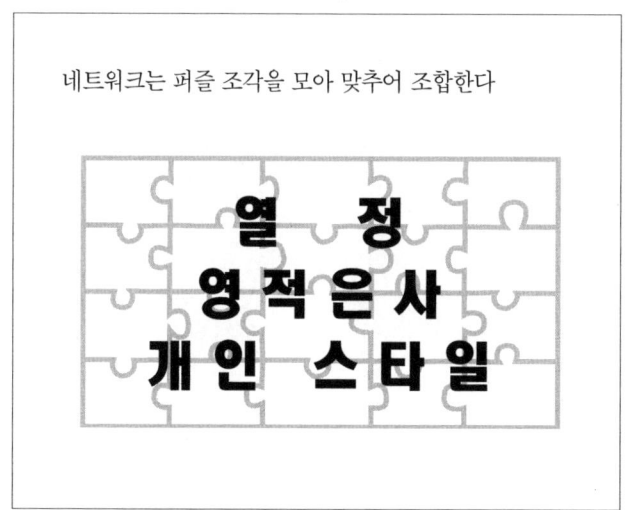

• 네트워크 은사배치 사역 •

## 네트워크의 소개

네트워크는 아래와 같은 사항을 이해시켜 줍니다.

- 하나님께서 당신이 어떤 사람이 되도록 만들었는가를 더 잘 이해시켜 줍니다.

- 보람있는 분야에서 봉사하는 당신의 독특한 헌신이 어떻게 _____에 공헌할 것인지를 이해시켜 줍니다.

• 제1장  네트워크 : 영적은사와 사역 •

# 네트워크의 소개

**네트워크의 진행 과정**

제 1단계 : _____

하나님께서 당신에게 주신 당신의 _____ 이 무엇인지를 배우게 됩니다.


제 2단계 : _____

상담자는 당신에게 _____한 사역, 즉 보람있는 봉사직을 찾을 수 있도록 도와 줍니다.


제 3단계 : _____

_____ 은 봉사입니다.

• 네트워크 은사배치 사역 •

# 제 1단계 : 발견

**봉사하는 이유**

교회에서 봉사하는 목적은 무엇입니까?

• _____께 영광을 돌리는 것입니다.

• _____을 돕는 것입니다.

성경의 많은 부분에서 이것을 볼 수 있으며, 그 중 가장 중요한 두 구절은

1. 십계명(출 20:1-17)

첫 네 가지 계명은 우리가 어떻게 _____을 _____할 것인가를 말해 줍니다.

나머지 여섯 가지 계명은 우리가 어떻게 _____을 _____할 것인가를 말하고 있습니다.

2. 대강령(가장 큰 계명)

"네 마음을 다하고 목숨을 다하고 뜻을 다하여 주 너의 하나님을 사랑하라 하셨으니 이 것이 크고 첫째되는 계명이요 둘째는 그와 같으니 네 이웃을 네 몸과 같이 사랑하라 하셨 으니 이 두 계명이 온 율법과 선지자의 강령이니라" (마태복음 22:37-40)

• 제1장   네트워크 : 영적은사와 사역 •

# 제 1단계 : 발견

**봉사하는 것이 어떻게 하나님께 영광 돌리는 것이 됩니까?**

봉사란 _____ 이며 예배는 하나님께 영광 돌리는 것입니다.

"만일 누가 말하려면 하나님의 말씀을 하는 것같이 하고 누가 봉사하려면 하나님의 공급하시는 힘으로 하는 것같이 하라 이는 범사에 예수 그리스도로 말미암아 하나님이 영광을 받으시게 하려 함이니 그에게 영광과 권능이 세세에 무궁토록 있느니라 아멘"
(베드로전서 4:11)

**봉사는 어떻게 다른 사람들에게 유익을 줍니까?**

봉사는 교회를 _____.
(교회에 유익을 줍니다.)

"그가 혹은 사도로, 혹은 선지자로, 혹은 복음 전하는 자로, 혹은 목사와 교사로 주셨으니 이는 성도를 온전케 하며 봉사의 일을 하게 하며 그리스도의 몸을 세우려 하심이라"
(에베소서 4:11-12)

**하나님께 영광을 돌리며, 서로에게 유익을 주는 것이
봉사의 주요한 시금석이 됩니다.**

• 네트워크 은사배치 사역 •

# 제 1단계 : 발견

**봉사하는 방법**

\*\* 봉사자 프로필 \*\*

**열정**

당신의 열정은 당신이 _____에서 봉사하기에 가장 적합한지를 말해 줍니다.

열정에는 옳고 그름이 없습니다.

**영적은사**

영적은사는 당신이 봉사할 때에 _____ 을 해야 할지를 말해 줍니다.

영적은사에는 옳고 그름이 없습니다.

**개인 스타일(취향)**

개인 스타일은 봉사를 _____할 것인지를 말해 줍니다.

개인 스타일에는 옳고 그름이 없습니다.

• 제1장  네트워크 : 영적은사와 사역 •

# 제1장 요약

**네트워크의 목표**

- 신자들로 하여금 보람을 느낄 수 있는 곳에서 봉사하게 함으로써 열매를 맺고 사역을 성취하도록 돕는 것입니다.

**위와 같은 목표에 도달할 수 있도록 도와 주는 네트워크의 진행 과정**

- 발견
- 상담
- 봉사

**봉사하는 이유**

- 하나님께 영광 돌리며
- 다른 사람들을 돕기 위함입니다.

**봉사자 프로필(봉사자 신상카드)에 의해 봉사하는 방법**

- 열정
- 영적은사
- 개인 스타일

# 제 2 장
# 열정 : 어디에서 봉사할 것인가?

### 중심 성구 : 시편 37:3-5

## 개 요

제 2장에서는 다음과 같은 것들을 다루게 됩니다.

1. 열정의 정의와 그 세 가지 특성

2. 열정 점검표 완성

3. 열정이 있는 한 가지 이상의 분야 확인

4. 자신의 열정에 대한 명확한 이해

• 네트워크 은사배치 사역 •

# 열 정

**특성**

열정이란 _____이 주신 것입니다.

열정에는 옳고 그름이 없습니다.

열정은 "_____" 라는 질문에 답을 줍니다.

**정의**

열정이란 하나님이 주신 마음의 소원으로서 우리로 하여금 특정한 사역에 헌신, 기여하도록 만들어 줍니다.

"여호와를 의뢰하여 선을 행하라 땅에 거하여 그의 성실로 식물을 삼을지어다 또 여호와를 기뻐하라 저가 네 마음의 소원을 이루어 주시리로다 너의 길을 여호와께 맡기라 저를 의지하면 저가 이루시고" (시편 37:3-5)

"그러나 내 어머니의 태로부터 나를 택정하시고 은혜로 나를 부르신 이가 그 아들을 이방에 전하기 위하여 그를 내 속에 나타내시기를 기뻐하실 때에 내가 곧 혈육과 의논하지 아니하고" (갈라디아서 1:15-16)

• 제2장 열정 : 어디에서 봉사할 것인가? •

## 열정 점검

봉사자 프로필을 만드는 데 있어서 중요한 일 중의 하나는 자신의 열정을 이해하는 것입니다. 당신이 어떤 사역 분야에 열정이 있을 때 당신은 더욱 열심히, 의욕적으로 그 사역에 봉사하게 됩니다.

**지침**

1. 기도하는 마음으로 답하십시오.
2. 자신만의 생각으로 이 점검표를 완성하십시오.
3. 정답이 있는 것은 아닙니다.
4. "과연" 당신이 그 일을 할 수 있을 것인지 혹은 "어떻게" 그 일을 할 수 있게 될지에 대해서는 염려하지 마십시오.
5. 마음의 소원을 막을 아무런 장애가 없다고 가정하고 이 점검표를 작성하십시오.

**질문**

1. 당신이 만일 어떠한 일을 잘 할 수 있고 그 일에 관한 한 절대 실패할 리가 없다는 것을 알고 있다면 당신은 무엇을 하시겠습니까?

   _____

   _____

2. 당신의 전 생애를 통해 가장 이루고 싶은 일은 무엇입니까?

   _____

   _____

3. 친구들은 당신이 어떠한 일에 관심과 열심이 있다고 생각할 것 같습니까?

   _____

• 네트워크 은사배치 사역 •

## 열정 점검

4. 밤새도록 이야기하고 싶은 화제가 있다면 무엇입니까?
   _____
   _____
   _____

여기에서 만약 자신의 열정에 대해 간단히 설명할 수 있으면 이 점검과정의 10번으로 가십시오. 좀 더 명확히 하고 싶으면 다음 질문들에 대해 생각해 보십시오.

5. 다른 사람들을 위해 가장 하고 싶은 일은 무엇입니까?
   _____
   _____
   _____

6. 가장 도와 주고 싶은 사람들은:

   ☐ 유아              ☐ 어린이            ☐ 청소년
   ☐ 십대모            ☐ 홀부모            ☐ 대학생
   ☐ 이혼한 사람들     ☐ 사별한 사람들     ☐ 독신자
   ☐ 직장인            ☐ 신혼부부          ☐ 외국인 근로자
   ☐ 부모              ☐ 농어촌            ☐ 무숙자
   ☐ 실직자            ☐ 노인              ☐ 장애자
   ☐ 수감자            ☐ 극빈자            ☐ 입원환자
   ☐ 군인              ☐ 기타 _____

• 제2장 열정 : 어디에서 봉사할 것인가? •

## 열정 점검

7. 내가 강한 의견을 갖고 있는 문제들 :

| | | |
|---|---|---|
| □ 환경오염 | □ 탁아 문제 | □ 동성연애 |
| □ 제자훈련 | □ 에이즈 문제 | □ 정치 |
| □ 폭력 | □ 사회 부정 | □ 인종 차별 |
| □ 교육 | □ 중독 | □ 국제 문제 |
| □ 경제 | □ 전도 | □ 기술 |
| □ 의료혜택 | □ 빈곤 | □ 가정 |
| □ 낙태 | □ 기아 | □ 문맹퇴치 |
| □ 교회 | □ 기타 _____ | |

8. 다음의 지시를 따르면서 지금까지의 경험 가운데 당신의 열정을 파악하는 데 도움이 될 만한 주제가 있는가 유의해 보십시오.

경험한 일 중에서 가장 긍정적이었던 사건 다섯 내지 일곱 가지를 기술하고 당신이 어떠한 일을 했으며 왜 그 일이 의미가 있는지를 간단히 설명해 보십시오.

가정, 직장, 학교 또는 자유 시간 등에서 경험한 어떠한 일이라도 됩니다. 예를 들어 시계를 고쳤다든가, 옷을 만들었던 일이 될 수도 있고, 그림 조각을 맞추었다든가 상을 받은 일이 될 수도 있습니다. 친구가 이사가는 것을 도왔거나, 집을 지어 봤거나, 선거에 당선되도록 도운 일 혹은 구호 대상자를 도운 일 등도 될 수 있습니다. 중요한 것은 당신이 그 일을 즐겼고 또한 성취감을 느꼈던 일이어야 한다는 것입니다.

• 네트워크 은사배치 사역 •

## 열정 점검

| 긍정적 경험들 | 그것이 가진 의미 |
|---|---|
| 1. | |
| 2. | |
| 3. | |
| 4. | |
| 5. | |
| 6. | |
| 7. | |

이제는 당신이 쓴 것을 다시 읽고 그것들 속에 흐르는 하나의 주제를 찾으십시오. 생각이 떠오르면 아래에 기록하십시오.

_____
_____
_____
_____

• 제2장 열정 : 어디에서 봉사할 것인가? •

# 열정 점검

**요약**

9. 내가 가장 잘 기여할 수 있다고 생각되는 분야는 :

_____

_____

열정을 파악하기 위해 더 도움이 필요하다면 지금까지의 대답 중에 어떤 흐름이 있는지를 주의해 보십시오. 예를 들면, 어떤 공통의 주제가 있습니까? 어느 특정한 연령층이 빈번히 나오지 않습니까? 어떤 필요성이 계속 부상되지는 않습니까? 비슷한 역할을 여러 다른 분야에서 담당하고 있지는 않습니까? 이들 관심사의 우선 순위를 정할 수 있습니까?

**결론**

10. 이상의 질문에 대한 대답에 근거해 보면 당신이 갖고 있다고 생각되는 열정은 :

_____

_____

자신의 열정에 대해 표현한다는 것은 누구에게나 쉬운 일이 아닙니다. 이것은 열정을 파악하고 규명하는 과정의 시작에 불과하다는 것을 기억하십시오.
묵상하고, 기도하며, 사역에 더욱 경험을 쌓을수록 점차 당신의 열정이 분명해질 것입니다.

• 네트워크 은사배치 사역 •

## 열정 파악

〈 김철수 〉

나는 **어린이들** | 유아 / 결손 가정 / '문제아' | 에 대하여 열정이 있습니다.

〈 송영희 〉

나는 **전도** | 모든 사람들 / 가족이나 친구들 / 이웃 사람들 / 직장 동료들 / 어린이들 | 에 대하여 열정이 있습니다.

• 제2장 열정 : 어디에서 봉사할 것인가? •

## 그룹토의 : 당신의 열정을 명확히 파악하십시오

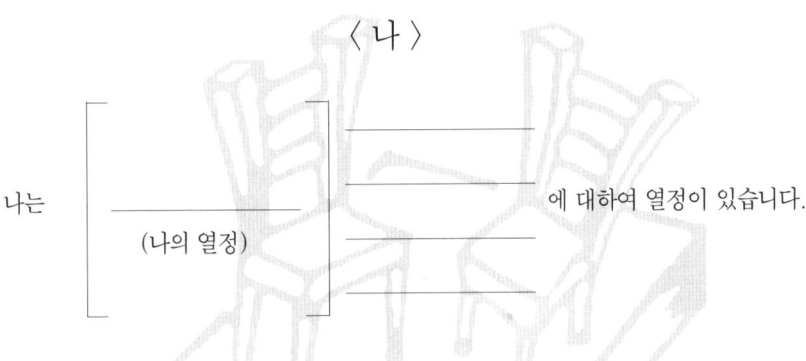

나는 _____ (나의 열정) _____ 에 대하여 열정이 있습니다.

**지침**

1. 각자 자신의 열정을 설명하십시오.

2. 열정을 보다 잘 이해할 수 있도록 자신들의 열정에 대해 서로 토의하십시오.

3. 지금까지의 내용을 사용하여 당신의 열정을 규명해 주는 주요 낱말이나 구절을 찾아 보십시오.

**끝맺음**

1. 그룹토의를 통해 얻은 생각들을 주의 깊게 살펴 보십시오.

2. 당신의 열정을 가장 잘 나타내 주는 생각들에 표시를 한 뒤 이것을 124페이지에 있는 당신의 봉사자 프로필에 기입하십시오.

## 제2장 요약

열정은 하나님이 주신 것입니다.

열정에는 옳고 그름이 없습니다.

열정은 "어느 곳에서"라는 질문에 답을 줍니다.

# 제 3 장
# 영적은사 : 나를 향한 하나님의 설계

### 중심 성구 : 고린도전서 12장

## 개 요

제 3장에서는 다음과 같은 것을 다루게 됩니다.

1. 영적은사의 정의와 그 세 가지 특성

2. 교회의 지체로서 봉사하는 데 관련되는 세 가지 요소

3. 상호의존적인 관계를 형성하기 위한 한 가지 방법 구상

4. 다양성에 관한 두 가지 요점

• 네트워크 은사배치 사역 •

## 영적은사란 무엇인가?

**특성**

영적은사는 _____이 주신 것입니다.

영적은사에는 옳고 그름이 없습니다.

영적은사는 _____을 할 것인가 하는 질문에 대한 답을 줍니다.

• 제3장  영적은사 : 나를 향한 하나님의 설계 •

## 영적은사의 정의

영적은사는 _____ 입니다.

- 하나님이 주신 것입니다.
- 각 사람이 개인적으로 기여할 수 있도록 하나님이 우리에게 주신 능력입니다.
  "각 사람에게 성령의 나타남을 주심은 유익하게 하려 하심이라" (고린도전서 12:7)


_____이 나누어 주신 것입니다.

- 은사는 하나님이 주신 것입니다.
- 각 사람이 의미있는 봉사를 하도록 하나님께서 은사를 주십니다.
  "이 모든 일은 같은 한 성령이 행하사 그 뜻대로 각 사람에게 나눠 주시느니라"
  (고린도전서 12:11)


모든 _____에게 하나님의 _____과 _____에 따라 주신 것입니다.

- 신자는 누구나 적어도 한 가지 은사는 갖고 있습니다.
- 신자는 누구나 사역자입니다.
  "각각 은사를 받은대로 하나님의 각양 은혜를 맡은 선한 청지기같이 서로 봉사하라" (베드로전서 4:10)


예수님의 몸된 교회의 _____을 위하여 주신 것입니다.

- 은사는 서로를 더욱 잘 섬기도록 해 줍니다.
- 은사를 사용하는 주된 목적은 하나님을 영광되게 하고 다른 성도들에게 덕을 세우기 위한 것입니다.
  "각 사람에게 성령의 나타남을 주심은 유익하게 하려 하심이라" (고린도전서 12:7)

• 네트워크 은사배치 사역 •

## 신자들의 고유한 특성

하나님께서는 신자들 각자의 특성에 따라 교회 내에서의 영적은사와 봉사직을 주도 면밀하게 설정하셨습니다.

봉사자 프로필은 우리가 임의로 선택하는 것이 아니라 하나님의 계획에 따른 것입니다.

"**각 사람에게** 성령의 나타남을 주심은 유익하게 하려 하심이라" (고린도전서 12:7)

"이 모든 일은 같은 한 성령이 행하사 **그 뜻대로 각 사람에게 나눠 주시느니라**" (고린도전서 12:11)

"그러나 이제 **하나님이 그 원하시는 대로** 지체를 각각 몸에 두셨으니" (고린도전서 12:18)

우리 각 사람에게는 _____ 사역들이 주어져 있습니다.

• 제3장 영적은사 : 나를 향한 하나님의 설계 •

## 신자들의 다양성

각 사람은 독특한 면을 가지고 있습니다.

몸에는 많은 지체가 있습니다.

우리가 각기 서로 다른 것은 하나님의 계획에 의한 것입니다.

"어떤 이에게는 성령으로 말미암아 지혜의 말씀을, 어떤 이에게는 같은 성령을 따라 지식의 말씀을, 다른 이에게는 같은 성령으로 믿음을, 어떤 이에게는 한 성령으로 병 고치는 은사를, 어떤 이에게는 능력 행함을, 어떤 이에게는 예언함을, 어떤 이에게는 영들 분별함을, 다른 이에게는 각종 방언 말함을, 어떤 이에게는 방언들 통역함을 주시나니"(고린도전서 12:8-10)

• 네트워크 은사배치 사역 •

## 신자들의 상호 의존성

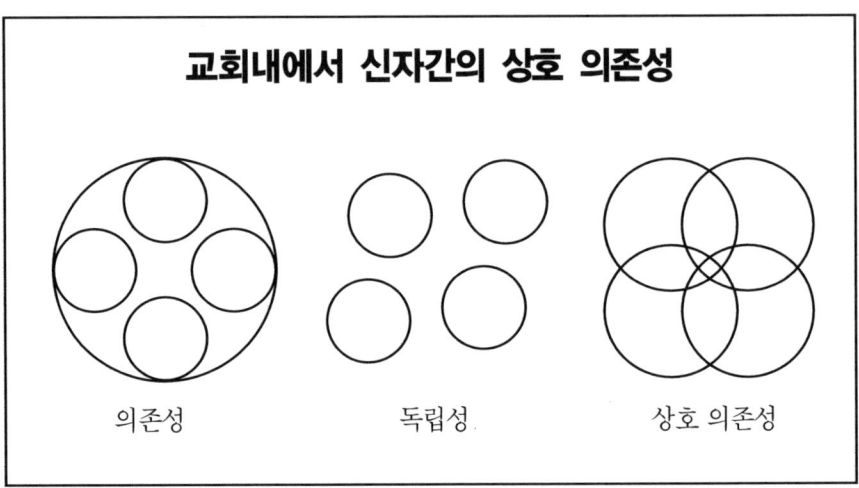

**의존성**


**독립성**

문화적으로 우리는 _____을 독립성과 같이 여겨 왔습니다.

**상호 의존성**

몸의 여러 지체가 서로 돌보는 것처럼 우리가 서로를 섬기도록 하는 것이 하나님의 계획입니다.

"이와같이 우리 많은 사람이 그리스도 안에서 한 몸이 되어 서로 지체가 되었느니라"
(로마서 12:5)
"너희는 그리스도의 몸이요 지체의 각 부분이라" (고린도전서 12:27)

• 제3장 영적은사 : 나를 향한 하나님의 설계 •

## 신자들의 상호 의존성

**그룹토의 : 상호 의존성**

**지침**

1. 상호 의존적인 관계 형성을 방해하는 개인적인 문제가 무엇인지 나누십시오.

2. 상호 의존적인 관계를 발전시키기 위한 방법을 한 가지만 말해 보십시오.

3. 아래에 당신의 답을 기록하십시오.

---

상호 의존적인 관계 형성을 방해하는 요인들 :




---

상호 의존적인 관계를 발전시키기 위한 방법 :

• 네트워크 은사배치 사역 •

## 다양성이란 분리를 의미하지 않습니다

"이제 지체는 많으나 몸은 하나라 눈이 손더러 내가 너를 쓸 데 없다 하거나 또한 머리가 발더러 내가 너를 쓸 데 없다 하거나 하지 못하리라" (고린도전서 12:20-21)

"몸 가운데서 분쟁이 없고 오직 여러 지체가 서로 같이 하여 돌아보게 하셨으니 만일 한 지체가 고통을 받으면 모든 지체도 함께 고통을 받고 한 지체가 영광을 얻으면 모든 지체도 함께 즐거워하나니" (고린도전서 12:25-26)

우리는 각기 다르지만 서로 분리되지 않고 봉사하도록 부르심을 받았습니다.

### 고린도전서 12:4-6

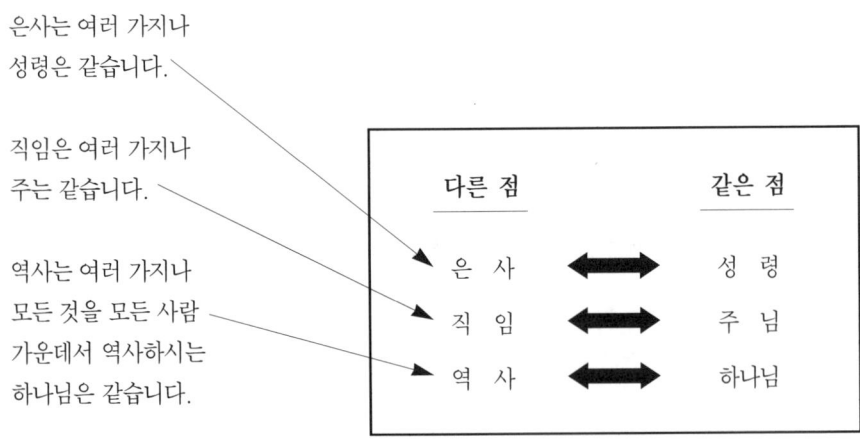

은사는 여러 가지나 성령은 같습니다.

직임은 여러 가지나 주는 같습니다.

역사는 여러 가지나 모든 것을 모든 사람 가운데서 역사하시는 하나님은 같습니다.

| 다른 점 | | 같은 점 |
|---|---|---|
| 은 사 | ↔ | 성 령 |
| 직 임 | ↔ | 주 님 |
| 역 사 | ↔ | 하나님 |

• 제3장  영적은사 : 나를 향한 하나님의 설계 •

## 하나가 된다는 것이 동질화 되는 것은 아닙니다

"만일 온 몸이 눈이면 듣는 곳은 어디며 온 몸이 듣는 곳이면 냄새 맡는 곳은 어디뇨 그러나 이제 하나님이 그 원하시는대로 지체를 각각 몸에 두셨으니 만일 다 한 지체뿐이면 몸은 어디뇨 이제 지체는 많으나 몸은 하나라" (고린도전서 12:17-20)

"다 사도겠느냐 다 선지자겠느냐 다 교사겠느냐 다 능력을 행하는 자겠느냐 다 병 고치는 은사를 가진 자겠느냐 다 방언을 말하는 자겠느냐 다 통역하는 자겠느냐" (고린도전서 12:29-30)

하나가 된다는 것은 똑같이 된다고 해서 이루어지는 것이 아닙니다.

하나가 된다는 것은 하나님을 영광되게 하고 다른 성도들에게 덕을 세우겠다는 _____ 을 가질 때 이루어지는 것입니다.

• 네트워크 은사배치 사역 •

## 제3장 요약

**정의**

영적은사는 그리스도의 몸된 교회의 유익을 위하여 하나님의 계획과 은혜에 따라, 모든 신자들에게, 성령님께서 나누어 주신 특별한 능력입니다.

**특성**

- 영적은사는 하나님께서 주시는 것입니다.
- 영적은사에는 옳고 그름이 없습니다.
- 영적은사는 "무엇을 할 것인가" 라는 질문에 대한 답입니다.

하나님은 각 지체가 다른 지체와 더불어 상호 의존적이 되도록 우리를 만드셨습니다.

# 제 4 장
# 영적은사 : 나의 은사는 무엇인가?

### 중심 성구 : 로마서 12:6-8

## 개 요

제 4장에서는 다음과 같은 것을 다루게 됩니다.

1. 성경에 언급된 은사

2. 은사와 그 특성

3. 생활 속에서 보여지는 은사

4. 은사의 확인 과정

• 네트워크 은사배치 사역 •

## 그룹활동 : 성경에 언급된 은사 찾아보기

### 지침

1. 다음의 각 성경 구절을 읽고, 영적은사가 나올 때마다 주어진 빈칸에 그 은사를 기록하십시오.

2. 어떤 은사는 한 번 이상 언급되기도 합니다. 이러한 경우에는 그 은사가 처음 언급될 때만 기록하면 됩니다.

| 성경구절 | 언급된 은사 |
|---|---|
| 고린도전서 12:8-10<br>어떤이에게는 성령으로 말미암아 지혜의 말씀을, 어떤이에게는 같은 성령을 따라 지식의 말씀을, 다른 이에게는 같은 성령으로 믿음을, 어떤이에게는 한 성령으로 병 고치는 은사를, 어떤이에게는 능력 행함을, 어떤 이에게는 예언함을, 어떤이에게는 영들 분별함을, 다른 이에게는 각종 방언 말함을, 어떤이에게는 방언들 통역함을 주시나니 | 1. _____<br>2. _____<br>3. _____<br>4. _____<br>5. _____<br>6. _____<br>7. _____<br>8. _____<br>9. _____ |
| 고린도전서 12:28<br>하나님이 교회 중에 몇을 세우셨으니 첫째는 사도요 둘째는 선지자요 세째는 교사요 그 다음은 능력이요 그 다음은 병 고치는 은사와 서로 돕는 것과 다스리는 것(administration)과 각종 방언을 하는 것이라 | 10. _____<br>11. _____<br>12. _____<br>13. _____ |

• 제4장 영적은사 : 나의 은사는 무엇인가? •

## 그룹활동 : 성경에 언급된 은사 찾아보기

| 로마서 12:6-8 | |
|---|---|
| 우리에게 주신 은혜대로 받은 은사가 각각 다르니 혹 예언이면 믿음의 분수대로, 혹 섬기는 일이면 섬기는 일로, 혹 가르치는 자면 가르치는 일로, 혹 권위하는 자면 권위하는 일로, 구제하는 자는 성실함으로, 다스리는 자(He who leads)는 부지런함으로, 긍휼을 베푸는 자는 즐거움으로 할 것이니라 | 14. _____<br><br>15. _____<br><br>16. _____<br><br>17. _____ |
| 에베소서 4:11 | |
| 그가 혹은 사도로, 혹은 선지자로, 혹은 복음 전하는 자로, 혹은 목사와 교사로 주셨으니 | 18. _____<br><br>19. _____ |

주의 : 성경에서 언급하고 있는 은사 목록은 성경 어느 곳에서나 다 같은 것은 아니고 순서와 내용에 있어서 조금씩 다릅니다. 본 네트워크에서 사용하는 성경 목록은 예시적인 것이지 총괄적인 것은 아닙니다.

| 베드로전서 4:9-10 | |
|---|---|
| 서로 대접하기를 원망없이 하고 각각 은사를 받은대로 하나님의 각양 은혜를 맡은 선한 청지기같이 서로 봉사하라 | 20. _____ |

• 네트워크 은사배치 사역 •

## 그룹활동 : 성경에 언급된 은사 찾아보기

| | |
|---|---|
| **출애굽기 31:3**<br>하나님의 신을 그에게 충만하게 하여 지혜와 총명과 지식과 여러 가지 재주로 | 21. _____ |
| **디모데전서 2:1-2**<br>그러므로 내가 첫째로 권하노니 모든 사람을 위하여 간구와 기도와 도고와 감사를 하되 임금들과 높은 지위에 있는 모든 사람을 위하여 하라 이는 우리가 모든 경건과 단정한 중에 고요하고 평안한 생활을 하려 함이니라 | 22. _____ |
| **시편 150:3-5**<br>나팔 소리로 찬양하며 비파와 수금으로 찬양할지어다 소고치며 춤추어 찬양하며 현악과 퉁소로 찬양할지어다 큰 소리 나는 제금으로 찬양하며 높은 소리 나는 제금으로 찬양할지어다 | 23. _____ |

주의 : 교회에 따라서는 네트워크에서 설명하거나 언급하지 않은 다른 은사들을 인정하는 경우도 있을 것입니다. 그러한 은사들 중에는 다음과 같은 은사들이 포함되기도 합니다. 독신생활, 상담, 귀신 쫓는 일(exorcism), 순교, 자발적인 가난.

• 제4장  영적은사 : 나의 은사는 무엇인가? •

# 그룹토의 : 은사 연결시키기

**지침**

1. 다음에 나오는 표들에서 각 특성을 소리내어 읽으십시오.

2. 각 특성에 상응하는 은사를 찾아보십시오.

3. 각 특성의 알파벳 글자를 그에 상응하는 영적은사란의 "연관된 특성 : _____"에 써 넣으십시오.

4. 각 은사가 기여할 수 있는 분야는 무엇인지 생각해 보십시오.

• 네트워크 은사배치 사역 •

## 그룹토의 : 은사 연결시키기

| 영적은사 | 기여분야 | 특 성 |
|---|---|---|
| 1. 다스림(관리)<br><br>연관된 특성 :<br>_____ | | **A.** 개척 교회나 새로운 사역 조직을 발족하고 이의 발전을 관할할 수 있는 하나님으로부터 받은 능력. 이 은사를 가진 사람들은 : 새로운 사역이나 교회를 개척하고 정착시킨다. 문화적 의식이 강하고 민감하여 새로운 환경에 잘 적응한다. 다른 사람들을 대상으로 사역하기를 원한다. 교회 안의 모임이나 사역을 관할하는 책임을 맡고 있다. 교회의 사명에 대한 이상을 갖고 있으며 권위를 보여준다. |
| 2. 사도직<br><br>연관된 특성 :<br>_____ | | **B.** 한 조직체가 움직이기 위하여 무엇이 필요한가를 잘 이해하고 사역의 목표 달성 방법을 계획 추진할 수 있는 하나님이 주신 능력.<br>이 은사를 가진 사람들은 : 설정된 목표를 이루기 위한 계획과 방안을 강구한다. 사역이 더욱 효과적이고 효율적이 될 수 있도록 돕는다. 무체계한 조직에 체계를 세워 준다. 어떠한 과제를 마치기 위해 필요한 여러 다른 업무(사람, 임무, 행사)를 잘 배치하고 관리한다. |
| 3. 재주(재능)<br><br>연관된 특성 :<br>_____ | | **C.** 진실과 거짓을 가려내고, 영을 분별하며, 선과 악, 옳고 그름을 밝힐 수 있는 하나님이 주신 능력. 이 은사를 가진 사람들은 : 선과 악, 옳고 그름, 순수한 동기와 불순한 동기를 가려낸다. 다른 이들의 기만성을 정확하고 적절하게 밝혀낸다. 하나님의 말씀이라고 간주되는 말의 진위성을 분별한다. 가르침, 예언적 설교, 혹은 해석의 모순성을 인지한다. 악의 존재를 감지할 수 있다. |

● 제4장 영적은사 : 나의 은사는 무엇인가? ●

## 그룹토의 : 은사 연결시키기

| 영적은사 | 기여분야 | 특성 |
|---|---|---|
| 4. 예능<br><br>연관된 특성 :<br>_____ | | **D.** 사역에 사용될 물품을 창의력 있게 구상하고 만들어 낼 수 있는 하나님이 주신 능력.<br>이 은사를 가진 사람들은 : 나무, 헝겊, 물감, 금속, 유리, 기타의 재료를 사용하여 일한다. 다른 이들의 사역을 더욱 효과적으로 할 수 있게 만드는 물건들을 만든다. 유형적인 필요를 충당하기 위해 손으로 봉사하는 것을 즐거워한다. 사역에 사용되는 유형적 물품이나 자원을 구상하고 만든다. 여러 가지 연장을 다룰 줄 알고 수공에 뛰어나다. |
| 5. 영분별<br><br>연관된 특성 :<br>_____ | | **E.** 믿음이 흔들리거나 낙심하여 있는 사람들에게 진리의 말씀을 증거하여 이들을 격려하고, 위로하거나, 행함을 권면할 수 있도록 하나님이 부여하신 능력.<br>이 은사를 가진 사람들은 : 낙심하고 있는 사람들을 찾아 격려하며 재확인 시킨다. 하나님의 약속을 믿고 소망을 가질 수 있도록 대면, 도전, 위로한다. 성경적 진리를 적용하여 행동에 옮길 것을 권면한다. 신앙이 자라도록 격려한다. 하나님의 약속을 강조하여 그의 뜻에 확신을 갖도록 한다. |
| 6. 권위<br><br>연관된 특성 :<br>_____ | | **F.** 여러 형태의 예술을 통하여 하나님의 진리를 전할 수 있도록 하나님이 주신 능력.<br>이 은사를 가진 사람들은 : 예술을 사용하여 하나님의 진리를 전한다. 연극, 글, 미술, 음악, 무용 등의 예술적인 기술을 개발하며 사용한다. 다양성과 창의력으로 사람들을 매료하고 그들로 하여금 그리스도의 메시지를 생각하게 한다. |

• 네트워크 은사배치 사역 •

## 그룹토의 : 은사 연결시키기

| 영적은사 | 기여분야 | 특성 |
|---|---|---|
| 7. 전도<br><br>연관된 특성 :<br><br>_____ | | **G.** 다른 이들의 필요를 채우고, 지원하며, 이들이 자유롭게 사역하는 데 필요한 실제업무들을 수행해 나가도록 하나님이 부여하신 능력.<br>이 은사를 가진 사람들은 : 다른 이들의 사역과 은사를 지원하는 데 필요하다면 어디에서나 후진에서 숨어 봉사한다. 유형적이고 실제적인 일들을 처리하며 이를 기뻐한다. 일상적인 의무를 수행하는 일 가운데서 하나님의 계획을 감지하고 만족을 얻는다. 실질적인 봉사에 영적인 의미를 부여한다. 다른 이들이 하나님이 원하시는 일을 자유롭게 할 수 있도록 돕는다. |
| 8. 믿음<br><br>연관된 특성 :<br><br>_____ | | **H.** 숙식을 제공하고 친교를 나눔으로써 사람들을 보살필 수 있도록 하나님이 부여한 능력.<br>이 은사를 가진 사람들은 : 사람들이 귀히 여김을 받고 사랑받는다는 것을 느낄 수 있는 환경을 조성한다. 새로운 사람을 만나 그들이 환영받는다는 느낌을 갖도록 돕는다. 인간 관계가 이루어질 수 있는 편안한 여건을 만들어 준다. 좀더 뜻있는 관계를 가질 수 있도록 사람들을 연결짓는 방법을 모색한다. 낯설은 주위 환경에서라도 사람들이 편안한 마음을 가질 수 있도록 만든다. |
| 9. 구제<br><br>연관된 특성 :<br><br>_____ | | **I.** 뜻을 이루시는 하나님의 능력에 대한 굳은 신념과 믿음으로 하나님의 약속에 의지하여 행할 수 있도록 하나님이 부여하신 능력.<br>이 은사를 가진 사람들은 : 하나님의 약속을 믿으며 다른 이들에게도 이러한 믿음이 생기도록 격려한다. 난관을 극복하시는 하나님의 능력에 대한 절대적인 믿음을 갖고 행동한다. 하나님의 뜻과 약속에 대한 신뢰의 태도를 보인다. 다른 사람들이 하지 않을 때 계속 나아감으로 하나님의 일을 진전시킨다. 필요가 있을 때 하나님께 구하며 하나님이 공급하실 것을 믿는다. |

• 제4장 영적은사 : 나의 은사는 무엇인가? •

# 그룹토의 : 은사 연결시키기

| 영적은사 | 기여분야 | 특성 |
|---|---|---|
| 10. 병고침<br><br>연관된 특성 :<br><br>_____ | | **J.** 하나님의 사역에 필요한 돈과 물질을 기쁘고 후하게 드릴 수 있도록 하나님이 부여하신 능력.<br>이 사람들은 "하나님께 얼마나 드려야 할까?"를 묻는 것이 아니라 "내가 살아가기 위해 꼭 필요한 돈은 얼마인가?"를 묻는다.<br>이 은사를 가진 사람들은 : 자신의 능력 안에서 최대한 헌금하기 위해 재정과 삶의 방식을 절제한다. 하나님 나라의 확장을 위해 희생적으로 드림으로써 사역을 지원한다. 유형적인 필요를 채움으로써 영적인 성장이 올 수 있게 한다. 하나님이 풍성히 채우실 것을 믿으며 즐거운 마음으로 넉넉히 물질을 제공한다. 하나님의 사역을 확장시키는 데 사용할 수 있도록 돈을 버는 특별한 능력을 소유하기도 한다. |
| 11. 돕는 것<br><br>연관된 특성 :<br><br>_____ | | **K.** 불신자들에게 복음을 효과적으로 전달하여 그들로 하여금 믿음으로 응하고 제자의 삶을 시작할 수 있게 하기 위하여 하나님이 부여하신 능력.<br>이 은사를 가진 사람들은 : 그리스도의 메시지를 확신을 가지고 명료하게 전달한다. 불신자들에게 영적인 문제에 대해 말하기 위하여 늘 기회를 찾는다. 불신자들이 믿음을 가지고 헌신하여 그리스도를 따르도록 도전한다. 각 개인의 필요에 맞도록 복음 제시의 방법을 적절히 변경한다. 불신자들과 친분을 가질 수 있기 위하여 노력한다. |
| 12. 대접<br><br>연관된 특성 :<br><br>_____ | | **L.** 사람들을 온전케 회복시키시는 하나님의 도구가 될 수 있도록 하나님이 부여하신 능력.<br>이 은사를 가진 사람들은 : 하나님의 능력을 실제적으로 드러내 보인다. 아프고 병든 자를 회복시킨다. 치유를 통해 하나님의 메시지를 입증한다. 이 은사를 성경의 진리를 전하고 하나님께 영광을 돌리는 기회가 되도록 사용한다. 기도, 안수, 혹은 말씀으로 기적적으로 몸이 낫게 된다. |

• 네트워크 은사배치 사역 •

# 그룹토의 : 은사 연결시키기

| 영적은사 | 기여분야 | 특성 |
|---|---|---|
| 13. 도고 (중보기도)<br><br>연관된 특성 :<br>_____ | | M. 하나님을 영화롭게 하는 초자연적인 중재로 하나님의 메시지와 사역을 인증할 수 있도록 하나님이 부여하신 능력.<br>이 은사를 가진 사람들은 : 하나님의 진리를 말하고 이에 수반되는 기적을 통해 그것이 사실임을 입증한다. 하나님의 신실하심과 그의 임재를 현현하시는 능력에 대한 확실한 믿음을 표현한다. 예수 그리스도의 사역과 메시지를 능력있게 전한다. 기적을 베푸시는 이가 하나님임을 선포하며 그에게 영광을 돌린다. 그리스도를 대표하며 은사를 통해 사람들로 하여금 그리스도와 교제케 한다. |
| 14. 통역<br><br>연관된 특성 :<br>_____ | | N. 자주 그리고 구체적으로 기도의 응답을 경험하여 다른 사람들을 위해 그들을 대신해서 기도할 수 있도록 하나님이 부여하신 능력.<br>이 은사를 가진 사람들은 : 어떤 사람이나 이유를 위해 진심으로 기도해야겠다는 강력한 의무감을 느낀다. 영적 싸움이 일어나고 있음을 매일 감지하며 이를 위해 기도한다. 하나님이 기도와 직결하여 역사하신다고 믿는다. 이해가 되든 그렇지 않든 간에 성령님이 인도하시는 대로 기도한다. 다른 사람들을 보호하고 그들이 하나님의 일을 할 수 있도록 준비시킴에 있어 능력과 권위를 행사한다. |
| 15. 지식<br><br>연관된 특성 :<br>_____ | | O. 사람들로 하여금 하나님의 뜻을 조화롭게 이루어 나가도록 비전을 심어주고, 열심을 주며, 인도할 수 있도록 하나님이 부여하신 능력.<br>이 은사를 가진 사람들은 : 하나님의 사람들이나 사역에 방향을 제시한다. 다른 사람들이 능력을 최대한 발휘하도록 열심을 불어 넣어 준다. 다른 이들로 하여금 "전체의 의미"를 볼 수 있게 한다. 사역의 가치관을 몸소 실천해 보여 준다. 책임을 맡으며 목표를 설정한다. |

• 제4장 영적은사 : 나의 은사는 무엇인가? •

## 그룹토의 : 은사 연결시키기

| 영적은사 | 기여분야 | 특성 |
|---|---|---|
| 16. 지도력<br><br>연관된 특성 :<br>_____ | | **P.** 계시나 성경적 통찰을 통해 그리스도의 몸된 교회에 진리를 알릴 수 있도록 하나님이 부여하신 능력.<br>이 은사를 가진 사람들은 : 그리스도의 몸된 교회를 더 잘 섬기게 해주는 진리의 말씀을 받는다. 통찰력과 지식, 그리고 진리를 얻기 위해 성경을 연구한다. 때로는 자연적이 아닌 방법을 통해서도 진리를 알게 된다. 교회에 도움이 되는 비상한 통찰력과 지식을 갖고 있다. 교육과 실제 적용을 위해 정보를 정리한다. |
| 17. 긍휼<br><br>연관된 특성 :<br>_____ | | **Q.** 고통을 받고 있거나 도움이 필요한 사람들을 민망히 여기는 마음으로 기쁘게 그리고 실제적으로 도울 수 있도록 하나님이 부여하신 능력.<br>이 은사를 가진 사람들은 : 고통받는 사람들의 불편과 아픔의 원인을 없애기 위해 주력한다. 소외되고 외로운 사람들의 필요를 보살핀다. 고난이나 위기를 겪는 사람들에게 사랑과 은혜, 그리고 존엄성을 표시한다. 열악하고 어려운 상황에서 기쁜 얼굴로 봉사한다. 사람들을 억압하는 사회적, 개별적인 쟁점들에 관심을 기울인다. |
| 18. 능력<br><br>연관된 특성 :<br>_____ | | **R.** 방언의 메시지를 그리스도의 몸된 교회에 알릴 수 있도록 하나님이 부여하신 능력.<br>이 은사를 가진 사람들은 : 방언으로 메시지가 주어질 때 이를 통역한다. 이러한 기적적인 시위(manifestation)를 통해 하나님의 능력을 드러내며 하나님께 영광을 돌린다. 그때 그때 하나님이 주시는 메시지를 통역함으로써 그리스도의 몸을 교화한다. 배운 적이 없는 언어를 이해하며 그 메시지를 그리스도의 몸에 전달한다. 교회를 위해 통역의 은사를 사용할 때 때로는 예언적인 성격을 띠는 경우도 있다. |

• 네트워크 은사배치 사역 •

## 그룹토의 : 은사 연결시키기

| 영적은사 | 기여분야 | 특성 |
|---|---|---|
| 19. 예언<br><br>연관된 특성 :<br><br>_____ | | **S.** 하나님의 말씀을 깨닫고 명확하게 설명하며 적용하여, 듣는 사람으로 하여금 그리스도의 형상을 더 잘 닮아갈 수 있도록 하기 위해 하나님이 부여하신 능력.<br>이 은사를 가진 사람들은 : 성경의 진리를 전하여 말씀에 더욱 순종하게 만든다. 성경의 진리를 가지고 듣는 이들에게 간결하고도 실제적인 도전을 준다. 삶에 최대한의 변화를 가져다 주도록 하나님의 온전한 가르침을 증거한다. 세부적인 부분과 정확성에 유의한다. 오랜 연구와 묵상으로 말씀을 준비한다. |
| 20. 목사<br><br>연관된 특성 :<br><br>_____ | | **T.** 사람들이 영적으로 계속 성장하고 그리스도의 형상을 닮아가도록 양육하며, 돌보고, 인도할 수 있도록 하나님이 부여하신 능력.<br>이 은사를 가진 사람들은 : 전인격체로 하여금 하나님과 동행하는 삶을 살아가도록 양육하는 책임을 맡는다. 성도들의 모임을 지도하고 감독한다. 예수님의 헌신된 제자가 되는 것이 무엇을 의미하는가를 자신의 삶으로 보여 준다. 오랜 관계를 통해 신뢰와 확신을 얻는다. 자신들이 돌보아야 할 사람들을 잘 인도하고 보호한다. |
| 21. 교사<br><br>연관된 특성 :<br><br>_____ | | **U.** 말하는 사람 자신이 알지 못하는 언어로 말하고, 예배하며, 기도할 수 있도록 하나님이 주신 능력.<br>이 은사를 가진 사람들은 : 자신의 의지와는 상관없이 하나님으로부터 통역의 은사를 받은 사람들을 통해 성도들에게 전달될 말씀을 받는 경우가 있다. 이 은사를 가진 사람들은 통역자를 통해 그리스도의 몸을 교화시키는 성령의 말씀을 말한다. 교회에게 주는 하나님의 메시지를 전한다. 전혀 배운 적도 없고 이해하지도 못하는 언어로 말한다. 생각으로 이해하기에는 너무나 깊은 언어로 하나님께 예배한다. 다른 이들을 섬기게 만드는 깊고 친밀한 관계를 하나님과 더불어 경험한다. |

• 제4장 영적은사 : 나의 은사는 무엇인가? •

## 그룹토의 : 은사 연결시키기

| 영적은사 | 기여분야 | 특성 |
|---|---|---|
| 22. 방언<br><br>연관된 특성 :<br>_____ | | **V.** 영적 진리를 효과적으로 적용하여 어떤 특정한 상황의 필요를 채울 수 있도록 하나님이 부여하신 능력. 이 은사를 가진 사람들은 : 다음 행동을 결정할 때 눈에 보이지 않는 결과에 주의한다. 그리스도의 몸이 필요로 하는 것을 만족시키기 위해 무엇이 필요한가를 잘 알게 된다. 갈등과 혼돈 중에 있을 때 하나님이 주시는 해결책을 제공한다. 주어진 상황 아래서 하나님의 최선을 위해 성령님이 주시는 지침을 듣는다. 영적인 진리를 구체적이고도 실제적인 방법으로 적용한다. |
| 23. 지혜<br><br>연관된 특성 :<br>_____ | | **W.** 이해함, 바르게 함, 회개함 혹은 교육함이 있기 위하여 적절한 때에 합당한 방법으로 하나님의 진리를 드러내고 선포할 수 있도록 하나님이 부여하신 능력. 이 경우 당장에 영향이 나타날 수도 있고 후에 나타날 수도 있다.<br>이 은사를 가진 사람들은 : 화해의 목적으로 다른 이들의 거짓이나 죄를 드러낸다. 하나님으로부터 받은 적절한 말씀으로 죄에 대한 깨달음, 회개, 그리고 배움이 있게 한다. 다른 이들이 보지 못하는 사실을 감지하여 그들로 하여금 반응하도록 도전을 준다. 회개하지 않을 때는 당장에 그리고 앞으로 닥칠 하나님의 심판에 대하여 경고한다. 하나님이 허락하시는 경험을 통해 하나님의 마음과 생각을 알게 된다. |

• 네트워크 은사배치 사역 •

# 비디오 상영: 영적 은사 확인하기

**지침**

1. 당신이 이 비디오를 관람할 때 당신은 등장 인물들이 가지고 있는 은사 중 어느 은사를 가지고 있는지 파악해 보십시오.

2. 아래 공간에 당신이 가지고 있다고 생각되는 영적 은사를 기술해 보십시오:

_____
_____
_____
_____
_____
_____
_____
_____
_____
_____

당신의 영적 은사가 진정 무엇인지 최종 확인할 수 있는 것은 _____ 을 통해서입니다.

• 제4장 영적은사 : 나의 은사는 무엇인가? •

# 은사 진단

## 지침

1. 다음의 은사 진단 질문에 나오는 각 문장에 대하여 아래의 수치를 사용하여 답하십시오.

    3 = 항상, 확실히 그렇다
    2 = 대부분, 대체로 그렇다
    1 = 때때로, 가끔
    0 = 전혀, 절대로 그렇지 않다

2. 은사 진단 질문에 대한 당신의 응답 수치를 아래의 응답표에 기록하십시오.

3. 중요한 점은, 당신이 현재 어떠한 사람인가 하는 것에 충실히 대답하는 것입니다. 어떤 사람이 되었으면 한다거나, 어떤 사람이 되어야겠다는 감정에 의하지 않도록 조심하십시오. 각 문항은 당신에 대해 얼마나 사실대로 말하고 있습니까? 당신의 경험은 어떻습니까? 이 문항들이 얼마 만큼 당신의 평상시 모습을 반영하고 있습니까?

| 1 | 2 | 3 | 4 | 5 | 6 | 7 | 8 | 9 | 10 | 11 | 12 | 13 | 14 | 15 | 16 | 17 | 18 | 19 |
|---|---|---|---|---|---|---|---|---|----|----|----|----|----|----|----|----|----|----|
| 20 | 21 | 22 | 23 | 24 | 25 | 26 | 27 | 28 | 29 | 30 | 31 | 32 | 33 | 34 | 35 | 36 | 37 | 38 |
| 39 | 40 | 41 | 42 | 43 | 44 | 45 | 46 | 47 | 48 | 49 | 50 | 51 | 52 | 53 | 54 | 55 | 56 | 57 |
| 58 | 59 | 60 | 61 | 62 | 63 | 64 | 65 | 66 | 67 | 68 | 69 | 70 | 71 | 72 | 73 | 74 | 75 | 76 |
| 77 | 78 | 79 | 80 | 81 | 82 | 83 | 84 | 85 | 86 | 87 | 88 | 89 | 90 | 91 | 92 | 93 | 94 | 95 |
| 96 | 97 | 98 | 99 | 100 | 101 | 102 | 103 | 104 | 105 | 106 | 107 | 108 | 109 | 110 | 111 | 112 | 113 | 114 |
| 115 | 116 | 117 | 118 | 119 | 120 | 121 | 122 | 123 | 124 | 125 | 126 | 127 | 128 | 129 | 130 | 131 | 132 | 133 |
|  |  |  |  |  |  |  |  |  |  |  |  |  |  |  |  |  |  |  |
| A | B | C | D | E | F | G | H | I | J | K | L | M | N | O | P | Q | R | S |

• 네트워크 은사배치 사역 •

## 은사 진단

첫번째, 두번째, 세번째로 높이 나타난 수치              은사

_____   :   _____

_____   :   _____

_____   :   _____

이 결과를 71쪽에 옮겨 쓰십시오.

### 은사 진단 기호

A = 다스림(행정관리)
B = 사도
C = 재주(기술, 기능)
D = 예능(창의적 의사 전달)
E = 영분별
F = 권위
G = 전도
H = 믿음
I = 구제
J = 돕는 것
K = 대접
L = 중보기도(도고)
M = 지식
N = 지도력
O = 긍휼
P = 예언
Q = 목사(목자)
R = 가르침(교사)
S = 지혜

병고침, 통역, 기적, 방언의 은사는 신자들의 삶 가운데 자명한 것들이므로 은사 진단이나 관찰 평가란에 삽입되지 않았습니다.

• 제4장  영적은사 : 나의 은사는 무엇인가? •

## 은사 진단

1. 사람, 사업 또는 행사를 총괄 계획하고 편성하는 것을 좋아한다.
2. 교회가 없는 곳에 교회를 개척하고 싶다.
3. 나무, 헝겊, 물감, 금속, 유리, 기타의 재료를 가지고 공작하는 것을 좋아한다.
4. 여러 예술의 형태를 이용하여 하나님에 대해 새로운 각도에서 생각하도록 도전을 주는 것을 좋아한다.
5. 영적인 진리와 오류, 선과 악을 쉽게 분별할 수 있다.
6. 사람들의 잠재력을 잘 파악한다.
7. 복음을 명료하고 효과적으로 전한다.
8. 하나님께서 내 기도에 응답하심을 믿는 일이 쉽고 자연스럽다.
9. 도움이 필요한 사람이나 사업에 기쁜 마음으로 풍성히 헌금한다.
10. 보이지 않는 곳에서 다른 사람들의 일을 돕는 것을 좋아한다.
11. 내 집을 도움이 필요한 다른 사람들을 위한 사역 장소로 생각한다.
12. 기도 부탁을 받으면 이를 위해 쉬지 않고 기도한다.
13. 사람들이 성경 구절이나 성경적 진리에 관해 나의 의견을 종종 물어온다.
14. 다른 사람들이 자신의 목표를 달성할 수 있도록 고무시킬 수 있다.
15. 고통받는 사람들과 공감하며 그들이 치유받는 동안 도움을 주고 싶다.
16. 사람들로 하여금 자신의 잘못을 깨닫고 삶의 변화를 가져오도록 얘기해 줄 수 있다.
17. 남을 돌보거나 양육하는 일에 시간 쓰기를 좋아한다.
18. 하나님의 말씀을 효과적으로 전할 수 있다.
19. 개인적인 혹은 영적인 문제에 관한 충고의 부탁을 종종 받는다.
20. 세부적인 면을 다루는 데 철저하고 신중하며 능숙하다.

• 네트워크 은사배치 사역 •

## 은사 진단

21. 다른 나라나 다른 인종 공동체에서 사역하는 일에 흥미가 있다.

22. 여러 종류의 연장을 잘 다룬다.

23. 미술, 연극, 음악, 사진 등의 예술적인 기술을 개발하고 사용하는 것을 좋아한다.

24. 첫인상으로 사람들의 성격을 잘 파악한다.

25. 낙심한 사람들을 격려하고 자신감을 회복시켜 주기를 좋아한다.

26. 비신자들과 사귈 수 있는 기회를 항상 찾는다.

27. 환란 중에서도 하나님께서 도우시고 공급하시는 것을 확신한다.

28. 하나님 나라의 사역을 위해 십일조 이상의 헌금을 한다.

29. 사역을 돕는 일상적인 사무 일을 즐겨한다.

30. 새로운 사람들을 만나고 그들이 환영받는다는 느낌을 주는 일들이 즐겁다.

31. 오랫 동안 기도하기를 좋아하며 하나님이 원하시는 기도를 하도록 주님이 인도하여 주시는 것을 경험한다.

32. 자연적으로 알 수 없는 어떠한 사실을 성령님으로부터 받아 알게 될 때가 있다.

33. 다른 이들이 목표를 달성할 수 있도록 영향을 줄 수 있다.

34. 어려움을 겪고 있는 이들이 다시 안정을 되찾는 동안 인내심을 가지고 도울 수 있다.

35. 다른 사람들에게 진실을 밝히게 하는 것이 나의 의무라는 느낌을 받는다.

36. 방황하고 있는 신자들을 동정하며 그들을 감싸주고 싶다.

37. 진리가 사람들의 삶에 변화를 가져올 수 있다는 것을 알기 때문에 이를 배우는 데 시간을 투자할 수 있다.

38. 갈등이나 혼돈 가운데서 종종 간단하고도 실질적인 해결책을 발견할 때가 많다.

• 제4장 영적은사 : 나의 은사는 무엇인가? •

## 은사 진단

39. 어떤 목표를 세우고 이를 이루기 위한 계획이나 방안을 수립할 수 있다.
40. 개척교회를 세우는 데 기꺼이 일익을 담당할 수 있다.
41. 사역에 필요한 물건 만들기를 좋아한다.
42. 예술적인 표현을 통해서 사람들로 하여금 자기 자신, 사람들과의 관계, 그리고 하나님에 관해 보다 잘 이해할 수 있도록 돕는다.
43. 다른 사람들보다 먼저 거짓이나 가식을 잘 꿰뚫어 볼 수 있다.
44. 다른 사람들에게 하나님의 약속을 상기시켜 줌으로써 소망을 얻게 한다.
45. 복음의 핵심을 개인의 필요에 따라 적절히 응용하는 일을 잘 한다.
46. 큰 일을 성취하도록 하나님이 나를 도우시리라고 확신한다.
47. 더 많은 구제헌금을 하기 위해 돈 관리를 잘 한다.
48. 다른 사람들을 돕기 위해 기꺼이 교회 안팎의 잡일들을 한다.
49. 다른 사람과 연결이 필요한 사람들을 하나님께서 내게로 보내신다고 진심으로 믿는다.
50. 나는 기도할 때 이 일이 다른 사람을 위해 사역하는 것이라고 인식한다.
51. 성경을 정확하고 온전히 이해하기 위하여 성경을 읽고 공부하는 일에 시간을 따로 할당한다.
52. 다른 사람들이 능력을 최대한 발휘할 수 있게 하기 위하여 필요에 따라 지도 방법을 변경시킬 수 있다.
53. 구제불능 또는 가치가 없다고 여겨지는 사람들을 돕는 일이 즐겁다.
54. 성경적 원리에 어긋나는 문화적 추세나, 가르침, 행사들을 담대하게 지적한다.
55. 전인격적인 차원 즉 이성적, 감정적, 영적인 면에서 지도해 주는 것을 좋아한다.
56. 가르치는 사람의 말, 어구, 내용 등에 대해 세심히 관심을 집중한다.

• 네트워크 은사배치 사역 •

## 은사 진단

57. 여러 가능한 방안 중에서 가장 효과적인 방안을 쉽게 골라낼 수 있다.
58. 어떤 일을 하는 데 필요한 자원을 찾아내고 활용하는 일을 할 수 있다.
59. 다른 문화나 환경에 잘 적응한다.
60. 어떤 것을 만들기 이전에 이것이 어떻게 완성되어질 것인가를 쉽게 연상해 볼 수 있다.
61. 하나님의 진리를 전할 수 있는 새롭고 참신한 방법을 찾기 좋아한다.
62. 어떤 상황에서 옳고 그름을 잘 분간하는 편이다.
63. 믿음 생활, 가정 생활 또는 전체 삶 가운데 용단을 내려야 할 필요가 있는 사람들에게 확신을 준다.
64. 믿지 않는 이들에게 주님을 영접하도록 권한다.
65. 인간의 노력만으로는 성공이 보장되지 않는 상황에서 하나님을 의지한다.
66. 소득의 더 많은 부분을 헌금할 수 있도록 내 생활 방식을 절제해야겠다는 도전을 받는다.
67. 실제적인 일 가운데서 영적인 의미를 발견한다.
68. 사람들이 외롭지 않다는 느낌을 가질 수 있는 장소를 만들고 싶다.
69. 기도에 응답하시는 하나님이신 것을 믿기 때문에 확신을 가지고 기도한다.
70. 통찰력이 있고 진실을 금방 알 수 있다.
71. 목표를 세우고 이를 이루기 위해 사람이나 자원을 효과적으로 잘 사용한다.
72. 고통을 받고 있는 사람들에게 커다란 연민의 감정을 느낀다.
73. 대부분의 행동을 옳고 그름의 견지에서 보게 되는 때가 많으며, 그릇된 것을 바로 잡아야 하겠다는 필요를 절실히 느낀다.
74. 장기간 변함없이 다른 사람을 보살피고 도울 수 있다.
75. 보다 조직적인 성경 공부 방법을 택하고 싶다.

• 제4장 영적은사 : 나의 은사는 무엇인가? •

## 은사 진단

76. 어떤 개인이나 집단의 행동이 야기할 결과를 쉽게 예지할 수 있다.
77. 어떤 기관이나 집단이 보다 효과적이 될 수 있도록 돕고 싶다.
78. 사람들을 대할 때 그들의 문화에 대해 세심한 배려를 할 수 있다.
79. 나의 기술을 통해 하나님께 영광을 돌린다.
80. 하나님의 진리를 전하기 위해 여러 형태의 예술을 도입한다.
81. 나의 통찰력이나 관찰력을 사람들이 인정한다.
82. 믿음이 흔들리고 있는 이들을 강건케 한다.
83. 내가 기독교인인 것을 드러내 놓고 말하며 사람들이 내 믿음에 관해 물어오기를 원한다.
84. 하나님이 내 삶 속에 매일 함께 하시며 역사하시는 것을 확신한다.
85. 하나님의 일을 하는 사람들의 삶과 사역에 나의 헌금이 큰 도움이 된다는 사실을 알면 즐겁다.
86. 해야 할 잡다한 일들을 찾아내기 좋아하며 부탁받지 않더라도 종종 그러한 일들을 하곤 한다.
87. 사람들 접대하기를 좋아하며 내 집을 다른 사람들에게 제공한다.
88. 도움이 필요한 경우의 이야기를 들으면 기도해야 되겠다는 강한 느낌을 받는다.
89. 다른 사람들에 관한 어떤 사실을 갑자기 알게 되는 때가 있지만 그것을 어떻게 알게 되었는지는 모르는 경우가 있다.
90. 자신의 능력을 최대한 발휘하도록 다른 이들에게 영향을 준다.
91. 어떤 사람의 어려움이나 문제 이면에 하나님께서 진정 중요하게 여기시는 삶이 있는 것을 알 수 있다.
92. 정직하고 바른 말을 하는 사람들을 좋아한다.
93. 소그룹의 사람들에게 도움을 주고 지침을 주는 것을 즐긴다.
94. 다른 이들로 하여금 더 배우고 공부하고 싶은 마음이 생기도록 말씀을 통하여 도전을 줄 수 있다.

• 네트워크 은사배치 사역 •

## 은사 진단

95. 복잡한 문제를 해결할 수 있는 실질적인 조언을 준다.

96. 한 기관이 어떻게 운영되고 있는지 배우기를 좋아한다.

97. 새로운 일을 시작하는 것을 좋아한다.

98. 손으로 하는 일을 잘 하며 좋아한다.

99. 창조적이며 상상력이 풍부하다.

100. 성경에 위배되는 가르침이나 설교, 말씀을 분간할 수 있다.

101. 영적인 성장을 위해 무언가 하고 싶은 마음을 사람들에게 불어 넣기를 좋아한다.

102. 예수님이 내게 어떠한 일을 하셨는지 담대하게 말한다.

103. 다른 이들이 하나님을 신뢰하도록 계속 도전을 준다.

104. 청지기로서의 삶에 대한 결단을 통해서 풍성히 헌금한다.

105. 남들이 좀 더 효과적으로 일할 수 있도록 뒤에서 돕는 보조자의 역할도 기꺼이 한다.

106. 다른 이들이 소속감을 느낄 수 있도록 힘껏 노력한다.

107. 기도 부탁을 받으면 영광으로 생각한다.

108. 말씀을 읽거나 공부할 때 그리스도의 몸에 속한 다른 이들에게 유익을 주는 성경적인 진리를 발견하게 된다.

109. 다른 이들이 공감하는 비전을 제시할 수 있다.

110. 어려운 상황 중에 있는 사람들에게 소망과 기쁨을 주기를 좋아한다.

111. 쉽게 받아들여지지 않거나 그다지 환영을 받지 않는 장소에서라도 하나님의 진리를 선포하겠다.

112. 방황하는 신자들로 하여금 성도의 교제와 믿음을 되찾을 수 있도록 자연스럽게 인도할 수 있다.

113. 어떤 지식이나 기술을 상대방이 알아 듣고 적용하기 쉽게 가르쳐 줄 수 있다.

114. 사람들이 실제 도움이 된다고 여겨지도록 성경의 진리를 적용할 수 있다.

• 제4장 영적은사 : 나의 은사는 무엇인가? •

## 은사 진단

115. 앞의 행사를 미리 그려보고, 가능한 문제들을 예상하여 대안을 만들어 낼 수 있다.
116. 교회의 여러 사역을 총괄, 지휘할 수 있다.
117. 교회에 도움이 되는 물건을 구상하고 만들 수 있다.
118. 명상하며, 상상력을 키우기 위한 혼자만의 시간이 가끔 필요하다.
119. 어떤 사람이나 환경에서 마귀가 역사하고 있음을 잘 감지할 수 있다.
120. 사람들을 영적으로 성장시키기 위해 도전을 주거나 꾸짖을 수 있다.
121. 믿지 않는 사람들과 영적인 문제에 관해 애기할 수 있는 기회를 찾는다.
122. 하나님이 축복하시는 일이라고 생각하면 어떤 반대나 비협조를 무릅쓰고라도 추진할 수 있다.
123. 하나님의 일을 위해 더 많이 드리기 위하여 내게 많은 자원을 허락하셨다고 믿는다.
124. 도움이 필요할 때마다 선천적인 혹은 후천적인 기술을 늘 기꺼이 사용한다.
125. 낯선 환경 중에서라도 사람들로 하여금 편안하게 느낄 수 있도록 만들 수 있다.
126. 내 기도의 직접적인 응답으로 구체적인 결과가 오는 것을 자주 본다.
127. 나의 지식이나 통찰을 다른 사람과 담대하게 나눈다.
128. 목적지가 어딘지를 파악하고, 사람들이 그곳에 도달할 수 있도록 돕는다.
129. 도움이 필요한 사람들에게 실제적인 도움을 주는 것을 좋아한다.
130. 죄를 볼 때마다 이것을 드러내고, 그들이 회개하도록 도전하지 않으면 안된다고 느낀다.
131. 다른 이들이 신자로서 성장할 수 있도록 참을성 있게 그러나 흔들림 없이 양육하는 것을 좋아한다.
132. 다른 이들이 영적으로 또한 개인적으로 성장할 수 있도록 어떤 일들을 설명해 주는 것을 좋아한다.
133. 다른 사람들이 보지 못하는 문제의 해결책에 대한 통찰력이 있다.

• 네트워크 은사배치 사역 •

## 관찰 진단서

사람들 중에는 많은 경우, 자신의 어떤 면을 다른 사람들이 높이 평가하고 있는지, 또는 사역하는 중에 어떤 능력이 다른 사람들의 눈에 띄었는지를 자신은 잘 알지 못할 때가 많습니다. 본 평가서는 당신을 알고 있는 다른 사람들에게 당신이 가진 은사를 확인하게 해주는 기회를 줍니다.

**지침**

1. 본 교재에는 동일한 질문서 3부가 있습니다. 그것을 모두 잘라내어 당신을 잘 알고 있는 성도 세 사람에게 한 부씩 주고 답해줄 것을 부탁드리십시오.
   가능하면 당신이 봉사하는 곳에서 당신을 잘 알고 있으며 은사라는 개념을 이해하고 있는 사람들에게 부탁하십시오. 그것이 가능치 않다면 일상생활 속에서 당신을 경험하고 있어서 당신에 대해 관찰한 것을 잘 쓸 수 있는 사람들을 선택하십시오.

2. 관찰 진단서는 다른 사람들에게 나누어 준 뒤 다시 회수해야 하는 것이므로 가능한한 빨리 이 일을 시작하십시오. 그래야만 시간에 차질이 없이 다음 모임을 준비할 수 있게 될 것입니다.

3. 관찰 진단서를 다 회수했으면 69쪽에 있는 관찰 진단 요약란에 정리해 넣으십시오.

• 제4장 영적은사 : 나의 은사는 무엇인가? •

# 관찰 진단서

귀하의 의견을 듣고 싶습니다!

저는 하나님이 교회 봉사를 위해 어떻게 저를 준비시켜 주셨는지를 더 잘 이해하기 위하여 노력하고 있습니다. 이를 알아보는 과정 중의 하나는 저를 잘 알고 있는 사람들로부터 참고 의견을 듣는 일입니다. 제가 다른 사람들과 어떻게 관계를 맺어가고 있는가에 대한 귀하의 의견은 매우 도움이 될 것입니다. 시간을 할애하셔서 다음의 질문에 신중히 대답하여 주시기를 부탁드립니다.

관찰 대상자 : _____
관 찰 자 : _____
관  계 : _____

아래의 문장들을 읽고 각 문장이 관찰 대상자를 어느 정도로 잘 묘사하고 있는가에 해당하는 대답에 동그라미 표를 해 주십시오.

    Y = 그렇다. 이 사람을 매우 잘 묘사하고 있다.
    S = 어느 정도, 약간 비슷하다.
    N = 아니다. 이 사람을 묘사하지 않는다.
    ? = 결정할 수 없다. 잘 모른다. 주의해서 보지 않았다.

나의 의견으로 이 사람이 가지고 있는 특별히 강한 부분은 …

A. 정해진 목표를 놓고 이를 이루기 위한 방안이나 계획을 세우는 일. 사람, 업무, 행사를 총괄 계획하는 일. 어떤 조직이나 집단이 더욱 효과적이 되도록 돕는 일. 무체계한 조직체 내에 체계를 세워 줌.    Y  S  N  ?

B. 새 일을 발족하는 일(개척교회나 사역을 시작하는 일 등). 다른 나라나 공동체에서 섬기는 일. 다른 문화나 환경에 적응하는 일. 문화적인 면에 밝고 민감함.    Y  S  N  ?

C. 나무, 헝겊, 금속, 물감, 유리 등의 재료를 창의력있게 사용. 여러 다른 종류의 연장을 다루는 일. 실용성있는 물건을 만드는 일. 물건을 구상하고 만드는 일. 손으로 하는 일.    Y  S  N  ?

• 네트워크 은사배치 사역 •

## 관찰 진단서

D. 다양성있고 창의적인 방법으로 정보를 전달. 특정한 예술적 기술(미술, 연극, 음악, 사진 등)을 개발하고 사용함. 새롭고 참신한 의사 전달 방법을 찾아 냄.   **Y  S  N  ?**

E. 진실과 오류, 선과 악을 분간하는 일. 성격을 바르게 파악하는 일. 거짓이나 위선을 꿰뚫어 봄. 삶의 어떤 상황에서 바른 것과 그른 것을 보도록 도와 줌.   **Y  S  N  ?**

F. 어려움을 겪고 있는 이들에게 자신감을 주고 강건케 함. 다른 이들이 성숙해지도록 격려함. 행동의 결단이 필요한 사람들을 지원하는 일.   **Y  S  N  ?**

G. 불신자들과 교제할 수 있는 기회를 찾음. 자신의 믿음에 관해 거리낌 없이 효과적으로 대화함. 불신자들과 더불어 영적인 일에 관해 말함. 의사 전달 방법을 찾아 냄.   **Y  S  N  ?**

H. 하나님이 기도에 응답하여 주실 것을 믿고 다른 사람에게도 그렇게 하도록 격려. 어려운 환경에서도 하나님께서 함께 하심과 그의 도와 주시는 능력을 확신함. 반대에도 불구하고 일을 추진함.   **Y  S  N  ?**

I. 경제적으로 곤란을 겪는 사람이나 후원이 필요한 사업에 후하고 기쁘게 지원. 더 많은 것을 드리기 위하여 자신의 물질을 잘 관리.   **Y  S  N  ?**

J. 다른 사람의 일을 돕기 위하여 후진에서 사역하는 일. 부탁받지 않고도 해야 할 작은 일들을 찾아 함. 일상적이고 재미없는 일일지라도 필요하면 도와 줌.   **Y  S  N  ?**

K. 새로운 사람을 만나고 그들이 환영받는 느낌을 받도록 돕는 일. 손님 접대하는 일. 도움이 되고 안전한 환경이 필요한 사람들에게 자신의 집을 제공. 낯선 환경에서 사람들로 하여금 편안하게 느끼게 만드는 일.   **Y  S  N  ?**

• 제4장  영적은사 : 나의 은사는 무엇인가? •

## 관찰 진단서

L. 다른 사람들을 위해 끊임없이 기도. 모든 것을 공급하시는 하나님의 능력에 대한 확신. 하나님이 보호하여 주실 것에 대한 확신을 증거함. 기도에 많은 시간을 보냄.    Y  S  N  ?

M. 더 잘 이해하고 싶은 제목에 대해 연구하고 조사하는 일. 부탁을 받으면 자신의 지식과 통찰을 다른 사람들과 나눔. 때로는 자연적인 관찰이나 방법으로 얻을 수 없는 정보를 얻음.    Y  S  N  ?

N. 조직의 나가야 할 방향성에 대해 관심이 많음. 다른 사람들에게 바른 목표를 찾도록 동기부여를 하거나 가이드하기를 즐김. 사람이나 자원을 잘 경영함. 다른 사람이 최선의 역할을 다하도록 도와 줌.    Y  S  N  ?

O. 고통받고 있는 사람들과 마음을 같이 함. 어려운 과정을 겪는 사람들을 참을성있게 사랑으로 지원함. 많은 사람들로부터 도와줄 가치가 없거나 구제불능이라고 여겨지는 사람들을 도움.    Y  S  N  ?

P. 다른 사람들의 삶에 변화를 가져오기 위하여 확신을 가지고 말함. 도덕적으로 그릇되었거나 해로운 사건이나 가르침들을 폭로함. 사람들이 그리 탐탁히 여기지 않는 곳에서라도 담대히 진실을 말함.    Y  S  N  ?

Q. 신실하게 일단의 사람들을 장기적으로 도와줌. 전인격적인 면에서 지도해 줌. 다른 사람들이 신자로서 성숙해지는 과정을 참을성있게 그러나 적극적으로 양육함.    Y  S  N  ?

R. 성경적 진리를 연구하고 이해하며 전하는 일. 적합한 학습 교재를 개발하고 효과적으로 발표하는 일. 다른 이들의 삶에 변화를 가져 오는 고무적 방법으로 말씀을 전함.    Y  S  N  ?

• 네트워크 은사배치 사역 •

## 관찰 진단서

S. 어떤 갈등이나 혼돈 속에서 간단하고도 실질적인 해결책을 찾아 냄. 복잡한 인생의 문제를 당한 사람들에게 도움이 되는 조언을 줌. 실제 문제 해결을 위해 구체적인 행동을 취하게끔 다른 사람들을 도움.

Y  S  N  ?

**추가 질문**

제가 귀하의 관찰을 더욱 잘 이해하기 위해서는 다음의 질문에 대한 답이 큰 도움이 될 것입니다. 어떻게 답해야 할지 확실치 않을 때에는 빈칸으로 남겨 두셔도 됩니다.

| | |
|---|---|
| 1. 교회 안에서나 교회가 하고 있는 사역 중 어떤 부분이 제게 특히 적합하다고 생각하십니까? | |
| 2. 은사라는 개념에 대해 잘 알고 계시다면 제 삶 속에서 보여진 은사는 어떤 것입니까? | |
| 3. 교회 안에서나 교회가 하고 있는 사역 가운데 제게 특별히 맞는 직분을 찾고자 할 때, 제게 도움이 될만한 의견이 있으십니까? | |

이 질문서에 답하여 주심을 감사드립니다. 귀하의 의견은 은사 개발의 과정에 매우 귀중합니다. 도와 주셔서 진심으로 감사드립니다.

• 제4장 영적은사 : 나의 은사는 무엇인가? •

## 관찰 진단서

귀하의 의견을 듣고 싶습니다!

저는 하나님이 교회 봉사를 위해 어떻게 저를 준비시켜 주셨는지를 더 잘 이해하기 위하여 노력하고 있습니다. 이를 알아보는 과정 중의 하나는 저를 잘 알고 있는 사람들로부터 참고 의견을 듣는 일입니다. 제가 다른 사람들과 어떻게 관계를 맺어가고 있는가에 대한 귀하의 의견은 매우 도움이 될 것입니다. 시간을 할애하셔서 다음의 질문에 신중히 대답하여 주시기를 부탁드립니다.

관찰 대상자 : _____
관 찰 자 : _____
관 계 : _____

아래의 문장들을 읽고 각 문장이 관찰 대상자를 어느 정도로 잘 묘사하고 있는가에 해당하는 대답에 동그라미 표를 해 주십시오.

    **Y** = 그렇다. 이 사람을 매우 잘 묘사하고 있다.
    **S** = 어느 정도, 약간 비슷하다.
    **N** = 아니다. 이 사람을 묘사하지 않는다.
    **?** = 결정할 수 없다. 잘 모른다. 주의해서 보지 않았다.

나의 의견으로 이 사람이 가지고 있는 특별히 강한 부분은 …

A. 정해진 목표를 놓고 이를 이루기 위한 방안이나 계획을 세우는 일. 사람, 업무, 행사를 총괄 계획하는 일. 어떤 조직이나 집단이 더욱 효과적이 되도록 돕는 일. 무체계한 조직체 내에 체계를 세워 줌.     Y  S  N  ?

B. 새 일을 발족하는 일(개척교회나 사역을 시작하는 일 등). 다른 나라나 공동체에서 섬기는 일. 다른 문화나 환경에 적응하는 일. 문화적인 면에 밝고 민감함.     Y  S  N  ?

C. 나무, 헝겊, 금속, 물감, 유리 등의 재료를 창의력있게 사용. 여러 다른 종류의 연장을 다루는 일. 실용성있는 물건을 만드는 일. 물건을 구상하고 만드는 일. 손으로 하는 일.     Y  S  N  ?

• 네트워크 은사배치 사역 •

## 관찰 진단서

D. 다양성있고 창의적인 방법으로 정보를 전달. 특정한 예술적 기술(미술, 연극, 음악, 사진 등)을 개발하고 사용함. 새롭고 참신한 의사 전달 방법을 찾아 냄.     Y   S   N   ?

E. 진실과 오류, 선과 악을 분간하는 일. 성격을 바르게 파악하는 일. 거짓이나 위선을 꿰뚫어 봄. 삶의 어떤 상황에서 바른 것과 그른 것을 보도록 도와 줌.     Y   S   N   ?

F. 어려움을 겪고 있는 이들에게 자신감을 주고 강건케 함. 다른 이들이 성숙해지도록 격려함. 행동의 결단이 필요한 사람들을 지원하는 일.     Y   S   N   ?

G. 불신자들과 교제할 수 있는 기회를 찾음. 자신의 믿음에 관해 거리낌 없이 효과적으로 대화함. 불신자들과 더불어 영적인 일에 관해 말함. 의사 전달 방법을 찾아 냄.     Y   S   N   ?

H. 하나님이 기도에 응답하여 주실 것을 믿고 다른 사람에게도 그렇게 하도록 격려. 어려운 환경에서도 하나님께서 함께 하심과 그의 도와 주시는 능력을 확신함. 반대에도 불구하고 일을 추진함.     Y   S   N   ?

I. 경제적으로 곤란을 겪는 사람이나 후원이 필요한 사업에 후하고 기쁘게 지원. 더 많은 것을 드리기 위하여 자신의 물질을 잘 관리.     Y   S   N   ?

J. 다른 사람의 일을 돕기 위하여 후진에서 사역하는 일. 부탁받지 않고도 해야 할 작은 일들을 찾아 함. 일상적이고 재미없는 일일지라도 필요하면 도와 줌.     Y   S   N   ?

K. 새로운 사람을 만나고 그들이 환영받는 느낌을 받도록 돕는 일. 손님 접대하는 일. 도움이 되고 안전한 환경이 필요한 사람들에게 자신의 집을 제공. 낯설은 환경에서 사람들로 하여금 편안하게 느끼게 만드는 일.     Y   S   N   ?

• 제4장  영적은사 : 나의 은사는 무엇인가? •

## 관찰 진단서

L. 다른 사람들을 위해 끊임없이 기도. 모든 것을 공급하시는 하나님의 능력에 대한 확신. 하나님이 보호하여 주실 것에 대한 확신을 증거함. 기도에 많은 시간을 보냄.    Y  S  N  ?

M. 더 잘 이해하고 싶은 제목에 대해 연구하고 조사하는 일. 부탁을 받으면 자신의 지식과 통찰을 다른 사람들과 나눔. 때로는 자연적인 관찰이나 방법으로 얻을 수 없는 정보를 얻음.    Y  S  N  ?

N. 조직의 나가야 할 방향성에 대해 관심이 많음. 다른 사람들에게 바른 목표를 찾도록 동기부여를 하거나 가이드하기를 즐김. 사람이나 자원을 잘 경영함. 다른 사람이 최선의 역할을 다하도록 도와 줌.    Y  S  N  ?

O. 고통받고 있는 사람들과 마음을 같이 함. 어려운 과정을 겪는 사람들을 참을성있게 사랑으로 지원함. 많은 사람들로부터 도와줄 가치가 없거나 구제불능이라고 여겨지는 사람들을 도움.    Y  S  N  ?

P. 다른 사람들의 삶에 변화를 가져오기 위하여 확신을 가지고 말함. 도덕적으로 그릇되었거나 해로운 사건이나 가르침들을 폭로함. 사람들이 그리 탐탁히 여기지 않는 곳에서라도 담대히 진실을 말함.    Y  S  N  ?

Q. 신실하게 일단의 사람들을 장기적으로 도와줌. 전인격적인 면에서 지도해 줌. 다른 사람들이 신자로서 성숙해지는 과정을 참을성있게 그러나 적극적으로 양육함.    Y  S  N  ?

R. 성경적 진리를 연구하고 이해하며 전하는 일. 적합한 학습 교재를 개발하고 효과적으로 발표하는 일. 다른 이들의 삶에 변화를 가져 오는 고무적 방법으로 말씀을 전함.    Y  S  N  ?

• 네트워크 은사배치 사역 •

## 관찰 진단서

S. 어떤 갈등이나 혼돈 속에서 간단하고도 실질적인 해결책을 찾아
냄. 복잡한 인생의 문제를 당한 사람들에게 도움이 되는 조언을
줌. 실제 문제 해결을 위해 구체적인 행동을 취하게끔 다른 사람
들을 도움.

        **Y　S　N　?**

### 추가 질문

제가 귀하의 관찰을 더욱 잘 이해하기 위해서는 다음의 질문에 대한 답이 큰 도움이 될 것
입니다. 어떻게 답해야 할지 확실치 않을 때에는 빈칸으로 남겨 두셔도 됩니다.

| | |
|---|---|
| 1. 교회 안에서나 교회가 하고 있는 사역 중 어떤 부분이 제게 특히 적합하다고 생각하십니까? | |
| 2. 은사라는 개념에 대해 잘 알고 계시다면 제 삶 속에서 보여진 은사는 어떤 것입니까? | |
| 3. 교회 안에서나 교회가 하고 있는 사역 가운데 제게 특별히 맞는 직분을 찾고자 할 때, 제게 도움이 될만한 의견이 있으십니까? | |

이 질문서에 답하여 주심을 감사드립니다. 귀하의 의견은 은사 개발의 과정에 매우 귀중합
니다. 도와 주셔서 진심으로 감사드립니다.

• 제4장  영적은사 : 나의 은사는 무엇인가? •

## 관찰 진단서

귀하의 의견을 듣고 싶습니다!

저는 하나님이 교회 봉사를 위해 어떻게 저를 준비시켜 주셨는지를 더 잘 이해하기 위하여 노력하고 있습니다. 이를 알아보는 과정 중의 하나는 저를 잘 알고 있는 사람들로부터 참고 의견을 듣는 일입니다. 제가 다른 사람들과 어떻게 관계를 맺어가고 있는가에 대한 귀하의 의견은 매우 도움이 될 것입니다. 시간을 할애하셔서 다음의 질문에 신중히 대답하여 주시기를 부탁드립니다.

관찰 대상자 : _____
관 찰 자 : _____
관 계 : _____

아래의 문장들을 읽고 각 문장이 관찰 대상자를 어느 정도로 잘 묘사하고 있는가에 해당하는 대답에 동그라미 표를 해 주십시오.

　　**Y** = 그렇다. 이 사람을 매우 잘 묘사하고 있다.
　　**S** = 어느 정도, 약간 비슷하다.
　　**N** = 아니다. 이 사람을 묘사하지 않는다.
　　**?** = 결정할 수 없다. 잘 모른다. 주의해서 보지 않았다.

나의 의견으로 이 사람이 가지고 있는 특별히 강한 부분은 …

A. 정해진 목표를 놓고 이를 이루기 위한 방안이나 계획을 세우는 일. 사람, 업무, 행사를 총괄 계획하는 일. 어떤 조직이나 집단이 더욱 효과적이 되도록 돕는 일. 무체계한 조직체 내에 체계를 세워 줌.　　**Y  S  N  ?**

B. 새 일을 발족하는 일(개척교회나 사역을 시작하는 일 등). 다른 나라나 공동체에서 섬기는 일. 다른 문화나 환경에 적응하는 일. 문화적인 면에 밝고 민감함.　　**Y  S  N  ?**

C. 나무, 헝겊, 금속, 물감, 유리 등의 재료를 창의력있게 사용. 여러 다른 종류의 연장을 다루는 일. 실용성있는 물건을 만드는 일. 물건을 구상하고 만드는 일. 손으로 하는 일.　　**Y  S  N  ?**

• 네트워크 은사배치 사역 •

# 관찰 진단서

D. 다양성있고 창의적인 방법으로 정보를 전달. 특정한 예술적 기술(미술, 연극, 음악, 사진 등)을 개발하고 사용함. 새롭고 참신한 의사 전달 방법을 찾아 냄.   Y  S  N  ?

E. 진실과 오류, 선과 악을 분간하는 일. 성격을 바르게 파악하는 일. 거짓이나 위선을 꿰뚫어 봄. 삶의 어떤 상황에서 바른 것과 그른 것을 보도록 도와 줌.   Y  S  N  ?

F. 어려움을 겪고 있는 이들에게 자신감을 주고 강건케 함. 다른 이들이 성숙해지도록 격려함. 행동의 결단이 필요한 사람들을 지원하는 일.   Y  S  N  ?

G. 불신자들과 교제할 수 있는 기회를 찾음. 자신의 믿음에 관해 거리낌 없이 효과적으로 대화함. 불신자들과 더불어 영적인 일에 관해 말함. 의사 전달 방법을 찾아 냄.   Y  S  N  ?

H. 하나님이 기도에 응답하여 주실 것을 믿고 다른 사람에게도 그렇게 하도록 격려. 어려운 환경에서도 하나님께서 함께 하심과 그의 도와 주시는 능력을 확신함. 반대에도 불구하고 일을 추진함.   Y  S  N  ?

I. 경제적으로 곤란을 겪는 사람이나 후원이 필요한 사업에 후하고 기쁘게 지원. 더 많은 것을 드리기 위하여 자신의 물질을 잘 관리.   Y  S  N  ?

J. 다른 사람의 일을 돕기 위하여 후진에서 사역하는 일. 부탁받지 않고도 해야 할 작은 일들을 찾아 함. 일상적이고 재미없는 일일지라도 필요하면 도와 줌.   Y  S  N  ?

K. 새로운 사람을 만나고 그들이 환영받는 느낌을 받도록 돕는 일. 손님 접대하는 일. 도움이 되고 안전한 환경이 필요한 사람들에게 자신의 집을 제공. 낯선 환경에서 사람들로 하여금 편안하게 느끼게 만드는 일.   Y  S  N  ?

• 제4장 영적은사 : 나의 은사는 무엇인가? •

## 관찰 진단서

L. 다른 사람들을 위해 끊임없이 기도. 모든 것을 공급하시는 하나님의 능력에 대한 확신. 하나님이 보호하여 주실 것에 대한 확신을 증거함. 기도에 많은 시간을 보냄.   Y  S  N  ?

M. 더 잘 이해하고 싶은 제목에 대해 연구하고 조사하는 일. 부탁을 받으면 자신의 지식과 통찰을 다른 사람들과 나눔. 때로는 자연적인 관찰이나 방법으로 얻을 수 없는 정보를 얻음.   Y  S  N  ?

N. 조직의 나가야 할 방향성에 대해 관심이 많음. 다른 사람들에게 바른 목표를 찾도록 동기부여를 하거나 가이드하기를 즐김. 사람이나 자원을 잘 경영함. 다른 사람이 최선의 역할을 다하도록 도와 줌.   Y  S  N  ?

O. 고통받고 있는 사람들과 마음을 같이 함. 어려운 과정을 겪는 사람들을 참을성있게 사랑으로 지원함. 많은 사람들로부터 도와줄 가치가 없거나 구제불능이라고 여겨지는 사람들을 도움.   Y  S  N  ?

P. 다른 사람들의 삶에 변화를 가져오기 위하여 확신을 가지고 말함. 도덕적으로 그릇되었거나 해로운 사건이나 가르침들을 폭로함. 사람들이 그리 탐탁히 여기지 않는 곳에서라도 담대히 진실을 말함.   Y  S  N  ?

Q. 신실하게 일단의 사람들을 장기적으로 도와줌. 전인격적인 면에서 지도해 줌. 다른 사람들이 신자로서 성숙해지는 과정을 참을성있게 그러나 적극적으로 양육함.   Y  S  N  ?

R. 성경적 진리를 연구하고 이해하며 전하는 일. 적합한 학습 교재를 개발하고 효과적으로 발표하는 일. 다른 이들의 삶에 변화를 가져 오는 고무적 방법으로 말씀을 전함.   Y  S  N  ?

• 네트워크 은사배치 사역 •

## 관찰 진단서

S. 어떤 갈등이나 혼돈 속에서 간단하고도 실질적인 해결책을 찾아 냄. 복잡한 인생의 문제를 당한 사람들에게 도움이 되는 조언을 줌. 실제 문제 해결을 위해 구체적인 행동을 취하게끔 다른 사람들을 도움.   Y S N ?

**추가 질문**

제가 귀하의 관찰을 더욱 잘 이해하기 위해서는 다음의 질문에 대한 답이 큰 도움이 될 것입니다. 어떻게 답해야 할지 확실치 않을 때에는 빈칸으로 남겨 두셔도 됩니다.

| | |
|---|---|
| 1. 교회 안에서나 교회가 하고 있는 사역 중 어떤 부분이 제게 특히 적합하다고 생각하십니까? | |
| 2. 은사라는 개념에 대해 잘 알고 계시다면 제 삶 속에서 보여진 은사는 어떤 것입니까? | |
| 3. 교회 안에서나 교회가 하고 있는 사역 가운데 제게 특별히 맞는 직분을 찾고자 할 때, 제게 도움이 될만한 의견이 있으십니까? | |

이 질문서에 답하여 주심을 감사드립니다. 귀하의 의견은 은사 개발의 과정에 매우 귀중합니다. 도와 주셔서 진심으로 감사드립니다.

• 제4장 영적은사 : 나의 은사는 무엇인가? •

## 관찰 진단 요약

다음의 표를 사용하여 관찰 진단서의 답을 정리하십시오.

은사란에 "Y"라는 표시가 되어 있을 때마다 그 은사에 해당하는 칸에 "두 개"의 "X"표를 하십시오. "S"의 답이 나온 경우에는 은사란의 해당 빈 칸에 "한 개"의 "X"표를 하십시오. "N"이나 "?"의 답이 나온 경우에는 빈 칸으로 남겨 두십시오.

세 부의 관찰 진단서에 대해 표시를 모두 마친 뒤 "총계"라고 쓰여진 칸에 "X"표의 합계를 써 넣으십시오.

| 은 사 | 관찰자 1 | 관찰자 2 | 관찰자 3 | 총계 |
|---|---|---|---|---|
| A. 다스림(행정관리) | | | | |
| B. 사도 | | | | |
| C. 재주(기술, 기능) | | | | |
| D. 예능(창의적 의사 전달) | | | | |
| E. 영분별 | | | | |
| F. 권위 | | | | |
| G. 전도 | | | | |
| H. 믿음 | | | | |
| I. 구제 | | | | |
| J. 돕는 것 | | | | |
| K. 대접 | | | | |
| L. 중보기도(도고) | | | | |
| M. 지식 | | | | |
| N. 지도력 | | | | |
| O. 긍휼 | | | | |

• 네트워크 은사배치 사역 •

## 관찰 진단서

| 은 사 | 관찰자 1 | 관찰자 2 | 관찰자 3 | 총계 |
|---|---|---|---|---|
| P. 예언 | | | | |
| Q. 목사(목자) | | | | |
| R. 가르침(교사) | | | | |
| S. 지혜 | | | | |
| T. 병고침 | | | | |
| U. 통역* | | | | |
| V. 능력* | | | | |
| W. 방언* | | | | |
| 기타 은사 | | | | |

*이러한 은사들이 관찰 진단서에는 기입되지 않았다 하더라도 주관식 질문의 답 중에 그러한 것이 구체적으로 언급될 수도 있습니다. "기타 은사"로는 상담, 독신주의, 순교, 섬김 등이 있습니다.

각 관찰 진단서 정리가 끝나면 그들이 당신에게서 발견한 은사가 무엇인지를 검토해 보십시오. 그 은사들을 다음 페이지에 나오는 관찰 진단란의 밑줄 그어진 곳에 기입하십시오.

• 제4장 영적은사 : 나의 은사는 무엇인가? •

## 은사 요약

다음을 이용하여 당신의 관찰 진단서와 은사 확인표의 결과를 정리하십시오. 이로써 당신의 은사 확인에 필요한 모든 과정이 끝납니다.

| **관찰 진단** | **은사 진단** |
|---|---|
| (본 교재 69-70쪽에서) 다른 사람들에게서 관찰된 당신의 은사는 무엇입니까? | (본 교재 48쪽에서) 당신이 은사 진단표를 통해 확인한 당신의 은사는 무엇입니까? |
| _____ | _____ |
| _____ | _____ |
| _____ | _____ |
| _____ | _____ |

이제 관찰 진단과 은사 진단을 종합하여 당신의 은사 목록을 작성하십시오.

나의 은사

_____

_____

이 은사들을 본 교재 124쪽에 옮겨 쓰십시오.

• 네트워크 은사배치 사역 •

## 제4장 요약

은사는 성경에 언급되어 있습니다.

은사는 생활 속에서 드러나 보여집니다.

은사는 궁극적으로 그리스도의 몸(교회)에 의해서 확인됩니다.

# 제 5 장
# 영적은사 : 나는 무엇을 해야 하는가?

### 중심 성구 : 에베소서 4:11-16

## 개 요

제 5장에서는 다음과 같은 것들을 다루게 됩니다.

1. 당신의 영적은사를 더욱 분명케 함

2. 당신의 영적은사를 활용할 때 일반적으로 주의해야 할 세 가지 사항

3. 당신의 주된 열정과 주된 영적은사를 연결시킴

• 네트워크 은사배치 사역 •

## 영적은사 참고 점검표

다음의 참고 자료들은 각각의 영적은사에 대하여 여러가지 정보를 제공합니다. 특정 은사를 가진 사람들은 대부분 그 은사를 받은 사람들이 가진 전형적인 특성들을 보여 줍니다. 그 중의 일부가 여기에 기록되어 있습니다. 이것은 당신의 영적은사들을 이해하고 확인하는 데 도움이 될 것입니다.

### 지 침

1. 다음에 제시되는 영적은사 참고 자료들 중 당신의 가장 주요한 영적은사 부분을 찾아서 펴십시오.

2. 당신의 영적은사에 대한 정보를 읽어가면서 당신에게 해당되는 항목에 다 표시하십시오. 만약 그 항목들이 당신을 잘 나타내주는 것이 아닌 것 같다면 당신의 두번째 주요 영적은사로 넘어가십시오. 그리고 그 항목이 당신에게 더 잘 어울리는지 알아보십시오.

---

영적은사 참고 점검표는 당신의 영적은사를 더 잘 이해할 수 있도록 돕기 위해 만들어졌습니다. 당신의 영적은사에 대한 최종적 확인은 그리스도의 몸(교회)으로부터 얻을 수 있다는 것을 명심하십시오.

• 제5장 영적은사 : 나는 무엇을 해야 하는가? •

# 다스림(행정관리)의 은사

**문자적 의미** : 배를 항해하거나 방향을 조정하는 것

**해설** : 다스림(행정관리)의 은사는 무엇이 조직을 움직이게 하는가를 통찰할 수 있는 하나님이 주신 능력이며, 사역의 목표를 성취하기 위한 과정을 계획하고 수행하는 특별한 능력입니다.

**특징** : 이 은사를 가진 사람은
- 정해진 목표를 달성키 위해 전략을 세우고 계획을 추진합니다.
- 더 효과적이며 능률적인 사역이 되도록 돕습니다.
- 조직의 무질서에서 질서를 창조해냅니다.
- 인사, 업무, 행사들을 조직합니다.

**특성** :
- 철저함
- 객관적
- 책임감
- 조직적
- 목표 지향적
- 능률적
- 양심적

**주의점** : 이 은사를 가진 사람은
- 지도자의 비전을 가리지 않도록, 계획들을 조정할 때는 공개적으로 해야 합니다.
- 사람들의 발전 과정을 고려하지 않고 목표 달성을 위해서만 사람을 이용할 수 있습니다.
- 목표 달성의 과정에서 이루어지는 하나님의 목적을 간과할 수 있습니다.

**참조 구절** : 고린도전서 12:28, 사도행전 6:1-7, 출애굽기 18:13-26
※ 5장에 제시된 모든 참조 구절들은 본 교재 부록에 성경 본문이 실려있으니 참고하십시오.

• 네트워크 은사배치 사역 •

## 사도의 은사

**문자적 의미** : 메시지와 함께 보냄을 받는 것

**해설** : 사도적 은사는 새로운 교회의 개척이나 사역 조직체계의 개발을 시작하며 감독하는 하나님이 주신 능력입니다.

**참고** : 그리스도의 첫 제자들이 가졌던 사도직의 직위는 특별한 것이고 더이상 존재하지 않지만, 사도직의 역할은 영적은사를 통해 오늘날도 계속해서 그 기능을 다하고 있습니다.

**특징** : 이 은사를 가진 사람은
- 새로운 사역이나 새로운 교회를 개척하고 설립합니다.
- 문화적인 감수성과 예지를 가지고 있어서 다른 환경에도 잘 순응합니다.
- 다른 지역이나 다른 나라에서 미개척된 사람들을 위해 사역코자 합니다.
- 여러 사역들이나 여러 교회의 그룹을 감독하는 책임감을 가지고 있습니다.
- 교회의 사명에 대한 권위와 비전을 보여 줍니다.

**특성** :
- 모험적
- 기업가적
- 끈기
- 적응성
- 문화적인 감수성
- 위험을 감수함
- 원인 지향적

**주의점** : 이 은사를 가진 사람은
- 그들의 권위를 오용함으로써 다른 사람 안에 있는 성령의 역사를 제지할 수도 있다는 것을 알아야 합니다.
- 교회에 의해 확인되고 보내져야 합니다.
- 요구를 많이 하거나 회의적이 될 수도 있습니다.

**참조 구절** : 고린도전서 12:28-29, 에베소서 4:11-12, 로마서 1:5, 사도행전 13:2-3

• 제5장 영적은사 : 나는 무엇을 해야 하는가? •

# 재주(기술, 기능)의 은사

**문자적 의미 :** 만들고 고안하고 짓는 것

**해설 :** 재주의 은사는 사역에 사용될 물건들을 창조적으로 디자인하고 만드는 하나님이 주신 능력입니다.

**특징 :** 이 은사를 가진 사람은
- 나무, 천, 물감, 금속, 유리 그리고 기타 재료를 사용합니다.
- 다른 사람의 사역 효과를 더해주는 물건들을 제작합니다.
- 실제적인 필요를 채우기 위해 손재주로 봉사하는 것을 즐깁니다.
- 사역에 필요한 실제적인 물건이나 자원을 디자인하고 만듭니다.
- 다양한 연장을 사용하며 숙련되어 있습니다.

**특성 :**
- 창조적
- 고안자
- 손재주
- 풍부한 자원
- 표면에 나서지 않음
- 실제적
- 도움주기를 좋아함

**주의점 :** 이 은사를 가진 사람은
- 그들의 은사가 중요하며 교회에 영적 헌신을 할 수 있다는 사실을 간과할 수 있습니다.
- 과정을 통해 성장하도록 돕기보다 일을 완성키 위해 사람을 이용할 수도 있습니다.
- 그들이 만들어내는 물건은 목표를 위한 수단이지 그 물건이 목표가 아니라는 것을 기억해야 합니다.

**참조 구절 :** 출애굽기 31:3, 35:31-35, 사도행전 9:36-39, 열왕기하 22:5-6

• 네트워크 은사배치 사역 •
# 예능(창의적 의사 전달)의 은사

**문자적 의미** : 예술적으로 전달하는 것

**해설** : 예능(창의적 의사 전달)의 은사는 다양한 예술의 형태로 하나님의 진리를 전달하는 하나님이 주신 능력입니다.

**특징** : 이 은사를 가진 사람은
- 하나님의 진리를 전달하기 위해 예술을 사용합니다.
- 연극, 글쓰기, 미술, 음악 등과 같이 예술적 기술을 발전시키고 사용합니다.
- 다양성과 창조적 성향을 사용하여 사람들을 매료시켜 예수님의 메시지를 생각하게 합니다.
- 다양한 예술의 형태로 하나님을 인식하도록 도전을 줍니다.
- 하나님의 사역과 메시지를 표현하는 참신한 방법들을 보여 줍니다.

**특성** :
- 표현적
- 상상적
- 새로운 아이디어 중심
- 예술적
- 창조적
- 비전통적
- 감수성이 강함

**주의점** : 이 은사를 가진 사람은
- 예술은 그 자체가 목적이 아니며 하나님께 영광을 돌리고 다른 사람에게 덕을 세우기 위한 것이라는 사실을 기억할 필요가 있습니다.
- 수용하기 어려운 평가와 건설적인 비평을 받을 수 있습니다.
- 비협조적일 수도 있으므로 (자아, 자존심, 혹은 개인주의적 성향 때문에), 팀에 속하여 일하도록 해야 합니다.

**참조 구절** : 시편 150:3-5, 사무엘하 6:14-15, 마가복음 4:2, 33

• 제5장 영적은사 : 나는 무엇을 해야 하는가? •

## 영분별의 은사

**문자적 의미 :** 분리시키거나, 구별하거나, 차이점을 찾아내는 것

**해설 :** 분별의 은사는 진리와 잘못된 것을 구별하는 하나님이 주신 능력입니다. 영을 분별하며, 선악과 옳고 그름을 구별합니다.

**특징 :** 이 은사를 가진 사람은
- 진리와 잘못된 것, 옳고 그름, 순수한 동기와 불순한 동기를 구별합니다.
- 다른 사람의 속임수를 정확하고 적절하게 찾아냅니다.
- 하나님의 말씀이라고 주장하는 말에 대한 정당성을 결정합니다.
- 가르침이나 예언적 메시지 혹은 해석에서 일관되지 않은 것을 발견해 냅니다.
- 악의 존재를 감지할 수 있습니다.

**특성 :**
- 깨달음
- 통찰력
- 예민함
- 본능적
- 명확함
- 도전적
- 진실함

**주의점 :** 이 은사를 가진 사람은
- 자신의 깨달음이나 느낌, 통찰을 표현하는 방법에 대해 고민할 수 있습니다.
- 다른 사람을 대할 때에 사랑으로 진리를 말하기보다 가혹하게 대답할 수 있습니다.
- 말하기 전에 자신의 깨달음을 확인할 필요가 있습니다.

**참조 구절 :** 고린도전서 12:10, 사도행전 5:1-4, 마태복음 16:21-23

• 네트워크 은사배치 사역 •

# 권위(encouragement)의 은사

**문자적 의미 :** 용기를 북돋워 줌

**해설 :** 권위의 은사는 신앙을 버렸거나 용기를 잃은 사람들을 강하게 하며, 위로하고, 행동을 촉진시키기 위해 진리를 제시하는 하나님의 능력입니다.

**특징 :** 이 은사를 가진 사람은
- 용기를 잃은 사람들을 강하게 하고 재확신시키기 위해 그들을 찾아갑니다.
- 하나님의 약속 안에서 신뢰와 희망을 갖도록 도전하거나 위로하며 대처합니다.
- 성경적 진리를 적용하여 행동하도록 재촉합니다.
- 성장할 수 있도록 자극합니다.
- 하나님의 약속과 하나님의 뜻 안에서 확신을 가질 것을 강조합니다.

**특성 :**
- 긍정적
- 동기 유발적
- 도전적
- 확언(단언)함
- 재확인
- 지원적
- 신뢰

**주의점 :** 이 은사를 가진 사람은
- 때로는 지나치게 낙관적이거나 단순하며 아첨할 수도 있습니다.
- 먼저 현재의 상황과 정말 필요한 것이 무엇인지를 이해할 시간을 가져야 합니다.
- 긍정적인 일만 말하고 필요에 따라 대처하기를 회피할 수 있습니다.

**참조 구절 :** 로마서 12:8, 사도행전 11:22-24, 15:30-32

• 제5장 영적은사 : 나는 무엇을 해야 하는가? •

# 전도의 은사

**문자적 의미 :** 좋은 소식을 가져 가는 것

**해설 :** 전도의 은사는 불신자들에게 효과적으로 복음을 전하고, 그들을 믿음으로 응답하게 하며 제자화시키는 데까지 나아가게 하는 하나님이 주신 능력입니다.

**특징 :** 이 은사를 가진 사람은
- 예수님의 메시지를 분명하고 확신있게 전합니다.
- 불신자들과 영적 문제를 이야기할 기회를 찾습니다.
- 불신자들을 믿게 하여 예수님께 전적으로 헌신하는 자들이 되도록 도전합니다.
- 개인의 필요와 연관시키기 위해 복음 제시를 각색합니다.
- 불신자와의 관계를 이루어 나가는 기회를 찾습니다.

**특성 :**
- 진지함
- 솔직함
- 존경받음
- 영향력이 있음
- 영적
- 확신적
- 헌신지향적

**주의점 :** 이 은사를 가진 사람은
- 주님을 영접하는 사람의 결정적 동기는 성령이시지 사람의 노력이 아니라는 것을 기억해야 합니다.
- 우리는 모두 증인이지만 모두가 다 복음 전도자가 아니라는 것을 기억하고 다른 사람을 비판하지 않도록 해야 합니다.
- 동일한 접근 방법이 모든 사람에게 적절한 것은 아니므로 주의 깊게 다른 사람의 말에 귀를 기울일 필요가 있습니다.

**참조 구절 :** 에베소서 4:11, 사도행전 8:26-40, 누가복음 19:1-10

• 네트워크 은사배치 사역 •

# 믿음의 은사

**문자적 의미** : 신뢰하며, 확신을 가지며, 믿는 것

**해설** : 믿음의 은사는 하나님의 목적을 이루어 나가시는 하나님의 능력에 대한 확신과 철저한 신앙으로 하나님의 약속을 좇아 행하는 하나님이 주신 능력입니다.

**특징** : 이 은사를 가진 사람은
- 하나님의 약속을 믿고 다른 사람들도 그 약속을 믿도록 고무시킵니다.
- 장애를 극복시켜 주시는 하나님의 능력에 대한 전적인 확신을 가지고 행동합니다.
- 하나님의 뜻과 약속에 대해 신뢰하는 태도를 보여 줍니다.
- 다른 사람들이 주저할 때에 그들이 전진해 나갈 수 있는 것은 예수님 때문이라는 근거를 제시합니다.
- 필요한 것을 하나님께 구하고 주실 것을 믿습니다

**특성** :
- 기도
- 낙관적
- 신뢰
- 확신
- 긍정적
- 고무적
- 희망적

**주의점** : 이 은사를 가진 사람은
- 믿음을 좇아 행해야 합니다.
- 합리적으로 이야기하고 계획을 세우는 것에 대해 신앙이 부족하다고 생각해서는 안됩니다.
- 현명하고 성령 충만한 신자의 조언에 귀를 기울이고, 그 조언을 고려해야 합니다.

**참조 구절** : 고린도전서 12:9, 13:2, 히브리서 11:1, 로마서 4:18-21

• 제5장  영적은사 : 나는 무엇을 해야 하는가? •

# 구제의 은사

**문자적 의미 :** 일부를 주며 나누는 것

**해설 :** 구제의 은사는 하나님의 일을 위해 돈과 물자를 기쁨으로 인색하지 않게 내어 놓는 하나님이 주신 능력입니다. 이 은사를 가진 사람은 "내가 얼마의 돈을 하나님께 드릴까?"를 묻는 것이 아니라 "내가 살아가는 데에는 얼마의 돈이 드는가?"를 자문합니다.

**특징 :** 이 은사를 가진 사람은
- 가능한 한 많은 물자를 내어 놓기 위해 재정 관리를 하며 생활 양식을 절제합니다.
- 하나님의 나라를 확장하기 위하여 희생적 선물로 사역의 일을 지원합니다.
- 영적 성장이 일어날 수 있도록 실제적인 요구를 채워 줍니다.
- 하나님께서 그의 필요를 채워 주실 것을 믿으며, 후하고 기쁘게 물자를 제공합니다.
- 돈을 버는 특별한 능력을 가지고 있어서 이것을 하나님의 일을 위해 사용하게 됩니다.

**특성 :**
- 청지기 지향적
- 책임감
- 물자 제공
- 자선적
- 하나님에 대한 신뢰
- 훈련됨

**주의점 :** 이 은사를 가진 사람은
- 그들의 은사를 존중하며, 물자 제공은 주님의 몸된 교회에 대한 영적인 헌신이란 것을 기억해야 합니다.
- 교회 일정은 구제하는 자의 은사에 의해서가 아니라 지도자에 의해서 결정된다는 것을 기억해야 합니다.
- 탐욕을 조심하십시오.

**참조 구절 :** 로마서 12:8, 고린도후서 6:8, 누가복음 21:1-4

• 네트워크 은사배치 사역 •

# 병 고치는 은사

**문자적 의미 :** 즉각적으로 회복시키는 것

**참고 :** 실제로 이 단어는 "치유들"이라는 뜻의 복수 단어입니다. 이 은사로 여러가지 다른 종류의 치유가 가능하다는 것을 의미합니다(즉 감정적, 관계적, 영적, 육체적 치유 등).

**해설 :** 치유의 은사는 사람을 온전케 회복시켜 하나님의 도구가 되게 하는 하나님이 주신 능력입니다.

**특징 :** 이 은사를 가진 사람은
- 하나님의 권능을 나타냅니다.
- 고통받고 병든 자를 회복시킵니다.
- 치유를 통해 하나님의 메시지에 권위를 부여합니다.
- 성경적 진리를 알리고 하나님이 영광스럽게 되는 것을 드러내는 기회로 사용합니다.
- 기도나 접촉, 말로써 사람의 몸에 기적적인 치유를 행합니다

**특성 :**
- 동정적
- 하나님에 대한 신뢰
- 기도
- 충만한 믿음
- 겸손
- 민감함
- 순종적

**주의점 :** 이 은사를 가진 사람은
- 치료하기로 결정하는 것은 이 은사를 가진 사람의 믿음이나 치료받는 자의 믿음이 아니라 하나님께서 하신다는 것을 기억해야 합니다.
- 하나님께서는 치유를 구하며 기도를 받는 모든 사람들을 치유하시겠다고 약속하지 않았음을 깨달아야 합니다.
- 예수님께서도 세상에서 사역하실 때 병들고 고통받는 사람들 모두를 치유하지는 않으셨다는 것을 기억해야 합니다.

**참조 구절 :** 고린도전서 12:9, 28, 30, 사도행전 3:1-16, 마가복음 2:1-12

• 제5장  영적은사 : 나는 무엇을 해야 하는가? •

# 돕는 은사

**문자적 의미 :** 누구를 대신하여 하는 것

**해설 :** 돕는 은사는 다른 사람의 필요를 덜어주거나, 지원하거나, 채워줌으로써 실질적으로 필요한 일을 수행하는 하나님께서 주신 능력입니다.

**특징 :** 이 은사를 가진 사람은
- 다른 사람의 사역이나 은사를 위한 지원이 필요한 곳의 배후에서 봉사합니다.
- 실제적이며 실질적으로 해야 할 일을 찾으며 또한 그것을 하는 것을 즐거워합니다.
- 일상적 책임을 행하면서 만나는 하나님의 목적과 기뻐하심을 감지합니다.
- 영적 가치를 실질적 봉사에 접목시킵니다.
- 하나님께 소명을 받아 일하는 사람들의 짐을 덜어주는 것을 즐거워합니다.

**특성 :**
- 유용함
- 기꺼이 함
- 도움이 됨
- 믿을만함
- 충성됨
- 기대할만함
- 일을 가리지 않음

**주의점 :** 이 은사를 가진 사람은
- 그들의 은사를 존중해야 하며, 이러한 실제적 행동은 주님의 몸된 교회를 위한 영적 헌신이라는 것을 기억해야 합니다.
- "안됩니다"라고 말하는 것이 어렵다는 것을 알아야 합니다.
- 개인적인 일정보다 지도자의 일정에 우선 순위를 두는 반응이 필요합니다.

**참조 구절 :** 고린도전서 12:28, 로마서 12:7, 사도행전 6:1-4, 로마서 16:1-2

• 네트워크 은사배치 사역 •

# 대접하는 은사

**문자적 의미 :** 알지 못하는 사람을 사랑하는 것

**해설 :** 대접하는 은사는 사람들에게 친교와 음식, 잠자리를 제공하며 보살피는 하나님이 주신 은사입니다.

**특징 :** 이 은사를 가진 사람은
- 사람들이 가치있고 관심을 받고 있다고 느낄 수 있는 환경을 제공합니다.
- 새로운 사람을 만나도 그들이 환영받는다는 느낌을 갖도록 돕습니다.
- 관계가 발전할 수 있는 안전하고 편안한 환경을 만듭니다.
- 의미있는 관계가 이루어지도록 사람들을 연결시키는 방법을 찾습니다.
- 친숙치 않은 환경에서도 사람들을 편하게 해 줍니다.

**특성 :**
- 친절함
- 자비심이 많음
- 초대하기 좋아함
- 사람을 잘 믿음
- 노약자, 병자, 불구자들 돌보기를 좋아함
- 인정이 많음

**주의점 :** 이 은사를 가진 사람은
- 이 은사를 "남을 즐겁게 접대하는 일"로만 보지 말아야 합니다.
- 누가 친구가 되길 원하며 도움이 필요한지 하나님께 물어 보아야 합니다.
- 손님을 집으로 초대할 때 자기 가족에게 부담이 되지 않도록 조심해야 합니다.

**참조 구절 :** 베드로전서 4:9-10, 로마서 12:13, 히브리서 13:1-2

• 제5장 영적은사 : 나는 무엇을 해야 하는가? •

## 중보기도(도고)의 은사

**문자적 의미 :** 다른 사람을 위해 간청하며 중보하는 것

**해설 :** 중보기도의 은사는 빈번하고도 뚜렷한 기도의 결과들을 보면서 다른 사람들을 대신하거나 위해서 끊임없이 기도하는 신성한 능력입니다.

**특징 :** 이 은사를 가진 사람은
- 어떤 사람이나 어떤 이유를 위해, 열심히 기도하지 않을 수 없는 의무감을 느낍니다.
- 감당해야 할 영적 전쟁을 매일 깨닫고 기도합니다.
- 하나님께서 기도하는 사람에게 곧바로 응답하신다고 확신합니다.
- 이해가 되든 되지 않든 성령의 인도를 따라서 기도합니다.
- 적절한 권위와 능력을 발휘하여 그들이 봉사할 수 있는 자질을 개발시켜 줍니다.

**특성 :**
- 간구
- 보살핌
- 성실
- 평화주의자
- 신뢰
- 짐을 짐
- 영적 민감성

**주의점 :** 이 은사를 가진 사람은
- 그들의 은사가 가치없는 것이라는 생각을 버리고, 다른 사람들을 위한 중보는 그들의 사역이며, 주님의 몸된 교회를 위한 영적 헌신이라는 것을 기억해야 합니다.
- 기도를 책임감을 채우기 위한 도피의 수단으로 사용치 말아야 합니다.
- 때때로 긴 기도 시간과 하나님과의 영적 친교로 인해 갖게 되는 "당신보다 내가 더 성스럽다"는 태도를 버려야 합니다.

**참조 구절 :** 로마서 8:26-27, 요한복음 17:9-26, 디모데전서 2:1-2, 골로새서 1:9-12, 4:12-13

• 네트워크 은사배치 사역 •

# 통역의 은사

**문자적 의미 :** 번역하고 통역하는 것

**해설 :** 통역의 은사는 방언하는 사람의 메시지를 교회에 알리는 하나님이 주신 능력입니다.

**특징 :** 이 은사를 가진 사람은
- 통역을 통해서 방언의 메시지에 응답합니다.
- 이 기적적인 증거를 통해 하나님의 능력을 나타내고 하나님을 영화롭게 합니다.
- 하나님께로부터 오는, 때에 알맞은 메시지를 통역함으로 교회에 덕을 세웁니다.
- 배우지 않은 언어를 이해하며 그 메시지를 교회에 전합니다.
- 교회를 위한 방언을 통역할 때 예언적이 될 경우도 있습니다.

**특성 :**
- 순종적
- 헌신적
- 책임감
- 영적 민감성
- 분별성
- 현명함

**주의점 :** 이 은사를 가진 사람은
- 통역된 메시지는 하나님의 뜻을 반영해야 하며 사람의 뜻을 반영해서는 안됩니다.
- 이 은사는 서로에게 덕을 세우고 교회를 세우기 위한 것이라는 사실을 기억해야 합니다.
- 이 은사는 방언과 연관해서 사용하고 질서있게 사용되어져야 합니다.

**참조 구절 :** 고린도전서 12:10, 14:5, 14:26-28

• 제5장 영적은사 : 나는 무엇을 해야 하는가? •

# 지식의 은사

**문자적 의미 :** 아는 것

**해설 :** 지식의 은사는 계시나 성경적 통찰을 통해 교회에 진리를 전하는 신성한 능력입니다.

**특징 :** 이 은사를 가진 사람은
- 그들이 교회에 더 잘 봉사하게 하는 진리를 받습니다.
- 통찰과 이해와 진리를 찾기 위해 성경을 탐구합니다.
- 교회에 기여할 수 있는 비범한 통찰력과 이해력이 있습니다.
- 가르침이나 실제적 쓰임을 위한 정보들을 정리합니다.
- 자연스런 관찰이나 수단에 의해서 얻을 수 없는 지식을 습득합니다.

**특성 :**
- 호기심
- 이해가 빠름
- 관찰
- 통찰
- 숙고함
- 학구적
- 진실함

**주의점 :** 이 은사를 가진 사람은
- 이 은사가 자만심을 유발하지 않도록 조심해야 합니다.("아는 것은 잘난 척하기 쉽습니다")
- 교회에 지식의 말씀을 전할 때 이것이 그의 것이 아니라 하나님의 메시지라는 것을 기억해야 합니다.
- 지식을 더함은 고통도 더한다는 사실을 기억하십시오.

**참조 구절 :** 고린도전서 12:8, 마가복음 2:6-8, 요한복음 1:45-50

• 네트워크 은사배치 사역 •

# 지도력의 은사

**문자적 의미** : 앞에 서는 것

**해설** : 지도력의 은사는 하나님의 목적을 조화롭게 수행하기 위해서 사람들에게 비전을 제시하고 동기를 부여하며 지도하는 하나님이 주신 능력입니다.

**특징** : 이 은사를 가진 사람은
- 하나님의 일을 하는 사람들이나 그 사역을 위한 방향을 제시합니다.
- 다른 사람의 능력을 최대한 발휘할 수 있도록 동기를 유발시킵니다.
- 다른 사람이 볼 수 있도록 "거시적 윤곽"을 제시합니다.
- 모범적인 사역을 통하여 그 사역의 가치를 일깨워 줍니다.
- 책임을 지며 목표를 설정합니다.

**특성** :
- 영향력
- 부지런함
- 비전이 있음
- 신뢰성
- 설득력
- 동기유발적
- 목표 설정

**주의점** : 이 은사를 가진 사람은
- 인간 관계에 신뢰감이 쌓이려면 시간이 필요하다는 것과, 이 신뢰감은 지도력의 효과적 수행에 있어서 필수적이라는 사실을 알아야 합니다.
- 종으로서의 지도력은 성경적 모범이며 모든 사람의 종이 가장 큰 자가 된다는 것을 기억해야 합니다.
- 이 은사를 사용하기 위해 꼭 지도자의 "자리"에 있어야 할 필요는 없습니다.

**참조 구절** : 로마서 12:8, 히브리서 13:17, 누가복음 22:25-26

• 제5장 영적은사 : 나는 무엇을 해야 하는가? •

## 긍휼의 은사

**문자적 의미 :** 민망히 여기는 것

**해설 :** 긍휼의 은사는 동정이 행동으로 옮겨져서 고통받고 있거나 도움이 필요한 사람을 실제적으로 기쁘게 돕는 하나님이 주신 능력입니다.

**특징 :** 이 은사를 가진 사람은
- □ 고통받는 사람들의 고통이나 불안의 근원을 경감시켜 주는 데 초점을 둡니다.
- □ 외롭고 잊혀진 사람들이 필요로 하는 것들을 찾아냅니다.
- □ 고난과 위기를 당한 사람들에게 사랑과 은혜와 위엄을 베풉니다.
- □ 고생스럽고 어려운 환경에서도 기쁘게 봉사합니다.
- □ 압박받는 사람의 개인적 혹은 사회적 문제에 관심을 갖습니다.

**특성 :**
- □ 감정이입적
- □ 보살핌
- □ 상대방의 필요에 민감함
- □ 친절
- □ 동정적
- □ 예민
- □ 짐을 짐

**주의점 :** 이 은사를 가진 사람은
- □ 사람을 고통에서 구하려는 것이 오히려 그들에 대한 하나님의 역사를 방해할 수도 있다는 것을 알아야 합니다.
- □ 도움을 받은 어떤 사람들에게서 감사의 표현이나 표시가 없을 때에 오는 "인정받지 못함"에 대한 감정 처리가 필요합니다.
- □ 다른 사람의 고통의 근원에 대해 방어적이 되거나 분노하는 것을 조심해야 합니다.

**참조 구절 :** 로마서 12:8, 마태복음 5:7, 마가복음 10:46-52, 누가복음 10:25-37

• 네트워크 은사배치 사역 •

# 능력의 은사

**문자적 의미 :** 강력한 일을 행하는 것

**해설 :** 능력의 은사는 하나님을 영화롭게 하는 초자연적 방법을 통하여 하나님의 사역과 메시지를 확실하게 증거하는 하나님이 주신 능력입니다.

**특징 :** 이 은사를 가진 사람은
- 하나님의 진리를 말하고 기적과 함께 행함으로 하나님의 진리에 권위를 부여합니다.
- 하나님이 살아계심을 증거하는 하나님의 신실하심과 능력에 확신을 나타냅니다.
- 예수 그리스도의 사역과 메시지를 강력한 힘으로 나타냅니다.
- 하나님이 기적의 근원이 되심을 천명하고 하나님을 영화롭게 합니다.
- 그리스도를 알리며 이 은사를 통해 그리스도와의 관계를 환기시킵니다.

**특성 :**
- 담대함
- 모험적
- 권위적
- 하나님을 경외함
- 확신함
- 기도

**주의점 :** 이 은사를 가진 사람은
- 기적은 믿음에서만 기인하는 것이 아니라는 것을 기억하십시오.
- 하나님은 자신이 역사하시는 때와 장소를 스스로 결정하신다는 것을 기억함으로써, 이 은사를 사용하는 것을 개인의 책임으로 보지 말아야 합니다.
- 이기적인 목적을 위해서 주님의 현존과 능력을 요구하고 싶은 유혹을 다스려야 할 필요가 있습니다.

**참조 구절 :** 고린도전서 12:10, 28-29, 요한복음 2:1-11, 누가복음 5:1-11

• 제5장  영적은사 : 나는 무엇을 해야 하는가? •

# 예언의 은사

**문자적 의미 :** 미리 말하는 것

**해설 :** 예언의 은사는 이해, 바르게 함, 회개 혹은 덕을 세우기 위해서 진리를 드러내고, 적절한 방법으로 진리를 선언하는 신성한 능력입니다. 즉각적인 또한 미래적인 예언이 있습니다.

**특징 :** 이 은사를 가진 사람은
- 화합이란 목적을 위해 다른 사람의 죄나 속임수를 밝혀 드러냅니다.
- 확신과 회개와 덕을 세우기 위해 적합한 하나님의 말씀을 이야기합니다.
- 다른 사람들이 간과하는 진리를 꿰뚫어 보며 여기에 반응하도록 다른 사람들에게 도전을 줍니다.
- 회개가 없는 곳에는 하나님의 즉각적인 혹은 미래에 있을 하나님의 심판을 경고합니다.
- 하나님의 마음을 경험을 통해 이해합니다.

**특성 :**
- 분별력 있음
- 촉구함
- 타협하지 않음
- 솔직하고 직설적으로 말함
- 권위적(authoritative)
- 책망(죄를 깨닫게 함)
- 직면함

**주의점 :** 이 은사를 가진 사람은
- 사랑과 동정으로 말하지 않으면 듣는 사람들이 메시지를 받아들이지 않을 수도 있다는 것을 알아야 합니다.
- 자존심을 피해야 합니다. 자존심은 성령께 강요하거나 성령을 낙담시킴으로써 이 은사를 훼방할 수 있습니다.
- 각 예언은 성경 자체와 그 말씀에 대한 바른 해석의 뒷받침을 받아야만 한다는 것을 기억하십시오.

**참조 구절 :** 로마서 12:6, 고린도전서 12:10, 28, 13:2, 베드로후서 1:19-21

• 네트워크 은사배치 사역 •

# 목사(목자)의 은사

**문자적 의미 :** 양떼를 보호하고 기름

**해설 :** 목사(목자)의 은사는 지속적인 영적 성장과 예수님을 닮게 하기 위해 사람들을 양육하고 보살피며 지도하는 하나님이 주신 능력입니다.

**특징 :** 이 은사를 가진 사람은
- 하나님과 동행하는 삶에 있어서 전 인격을 양육하는 책임을 집니다.
- 하나님의 백성의 그룹을 인도하고 감독합니다.
- 최선을 다해 헌신하고 예수님을 따르는 것이 어떤 것인가를 삶을 통해 모범을 보입니다.
- 오랜 시간의 인간 관계를 통해 신뢰와 확신을 심어 줍니다.
- 감당할 수 있는 테두리 안에서 사람들을 지도하고 보호합니다.

**특성 :**
- 영향력
- 양육
- 인도
- 훈련
- 보호함
- 지원함
- 관계 유지

**주의점 :** 이 은사를 가진 사람은
- 하나님께서는 감독의 책임을 게을리 하거나 남용하는 사람을 심판하신다는 것을 기억해야 합니다.
- 다른 사람을 양육하고 지원하고 싶은 욕망이 "안됩니다"라고 말하는 것을 어렵게 만든다는 사실을 알아야 합니다.
- 양육받은 자들 중에 어떤 사람들은 양육자의 능력 이상으로 성장하며, 또 그들이 자유롭게 성장해야 할 필요가 있다는 것을 깨달아야 합니다.

**참조 구절 :** 에베소서 4:11-12, 베드로전서 5:1-4, 요한복음 10:1-18

• 제5장 영적은사 : 나는 무엇을 해야 하는가? •

## 가르침(교사)의 은사

**문자적 의미 :** 가르치는 것

**해설 :** 가르침(교사)의 은사는 듣는 사람들의 삶이 더욱 더 예수님을 닮은 위대한 모습이 될 수 있도록 하나님의 말씀을 이해하고 명확하게 설명하며 적용시키는 하나님이 주신 능력입니다.

**특징 :** 이 은사를 가진 사람은
- 말씀에 더욱 더 순종하도록 고무시키는 성경의 진리를 전합니다.
- 듣는 이들에게 성경 말씀으로써 쉽고 실제적으로 도전을 줍니다.
- 삶의 변화를 극대화시키기 위해 하나님의 교훈을 총체적으로 전달합니다.
- 상세하고 정확한 것에 신경을 씁니다.
- 연구와 묵상에 많은 시간을 쓰며 준비합니다.

**특성 :**
- 훈련됨
- 지각력이 있음
- 가르칠 수 있음
- 권위(authoritative)가 있음
- 실제적
- 분석적
- 명확한 표현력

**주의점 :** 이 은사를 가진 사람은
- "뛰어난" 성경적 지식과 이해로 인해 자만심을 갖지 않도록 주의해야 합니다.
- 가르칠 때 너무 상세한 것에 치중하다가 삶에의 적용을 놓칠 수 있습니다.
- 영성이란 얼마나 많이 아느냐로 측정되지 않는다는 것을 기억해야 합니다.

**참조 구절 :** 로마서 12:7, 고린도전서 12:28-29, 사도행전 18:24-28, 디모데후서 2:2

• 네트워크 은사배치 사역 •

# 방언의 은사

**문자적 의미 :** 방언, 언어

**해설 :** 방언의 은사는 말하는 사람이 알지 못하는 언어로 말하고 예배하며 기도하는 하나님이 주신 능력입니다. 통역의 은사를 통해 교회에 전하는 하나님의 즉각적인 메시지를 받을 수 있습니다.

**특징 :** 이 은사를 가진 사람은
- 교회에 덕을 세우기 위해 성령께서 하시는 말씀을 통역과 함께 표현합니다.
- 교회를 위한 하나님의 메시지를 전합니다.
- 배운 적도 없고 이해되지 않는 언어로 말합니다.
- 마음으로 이해할 수 없는 깊고 오묘한 알지 못하는 말로 주님께 예배드립니다.
- 다른 사람에게 봉사하고 덕을 세우기를 고무시키는 하나님과의 교제를 경험합니다.

**특성 :**
- 예민함
- 기도
- 민감함
- 신뢰함
- 헌신적
- 즉각적
- 수용적

**주의점 :** 이 은사를 가진 사람은
- 통역이 없으면 교회에서 침묵을 지켜야 합니다.
- 성령의 권위에서 오는 이 은사가 다른 사람들에게도 나타나야 된다고 기대해서는 안됩니다.
- 이 은사를 포함한 모든 은사는 서로의 덕을 세우기 위한 것임을 기억해야 합니다.

**참조 구절 :** 고린도전서 12:10, 28-30, 13:1, 14:1-33, 사도행전 2:1-11

• 제5장 영적은사 : 나는 무엇을 해야 하는가? •

# 지혜의 은사

**문자적 의미 :** 진리를 실제적으로 적용하는 것

**해설 :** 지혜의 은사는 영적 진리를 특별한 상황에 맞도록 효과적으로 적용시키는 하나님이 주신 능력입니다.

**특징 :** 이 은사를 가진 사람은
- 다음 단계를 결정할 때 예측할 수 없는 결과에 주목합니다.
- 교회의 필요를 충족시키기 위해 무엇이 필요한가를 이해합니다.
- 갈등과 혼란 가운데서도 하나님이 주시는 해결책을 제시합니다.
- 주어진 환경에서 하나님의 최선을 위해 방향을 제시하는 성령께 귀를 기울입니다.
- 영적 진리를 구체적이며 실질적인 방법에 적용시킵니다.

**특성 :**
- 민감함
- 통찰력
- 실질적
- 현명함
- 공평함
- 경험이 풍부함
- 상식적

**주의점 :** 이 은사를 가진 사람은
- 하나님이 주신 지혜를 나누지 못할 수 있습니다.
- 다른 사람들이 그들에게 의지하게 되지 않도록 해야 합니다. 이것은 하나님에 대한 다른 사람의 신앙을 약화시킬 수 있습니다.
- 이 은사를 갖지 못한 사람들에 대해 인내할 수 있어야 합니다.

**참조 구절 :** 고린도전서 12:8, 야고보서 3:13-18, 고린도전서 2:3-14, 예레미야 9:23-24

• 네트워크 은사배치 사역 •

## 그룹토의 : 다른 사람의 영적은사들

**지침**

1. 그룹에서 이야기를 나누면서 당신의 영적은사가 무엇인지 더욱 더 명확하게 하십시오.

   a. 당신의 가장 주된 영적은사와 당신이 그 은사를 가지고 있다고 생각하는 이유

   b. 이 영적은사를 사용할 때 알아야 할 주의사항들

2. 다른 영적은사들을 더 잘 이해할 수 있도록 영적은사에 대한 의견을 나눌 때 다른 사람의 말을 경청하시기 바랍니다.

• 제5장 영적은사 : 나는 무엇을 해야 하는가? •

## 일반적으로 주의할 점들

• _____

"내가 하는 대로 똑같이 하십시오."

• _____

"나는 당신이 가진 것보다 더 중요한 영적은사를 가지고 있습니다."

• _____

"나는 영적은사가 하나도 없습니다."

• 네트워크 은사배치 사역 •

# 영적은사와 열정과의 연관

### 상황 I : 같은 열정, 다른 은사

같은 사역 안에서, 다른 직위에서 봉사하는 사람들

|  | 박남수 | 최은화 | 이우석 |
|---|---|---|---|
| 같은 열정 | 어려운 환경에 처한 어린이들 | 어려운 환경에 처한 어린이들 | 어려운 환경에 처한 어린이들 |
| 다른 영적은사 | 다스림 | 구제 | 가르침 |
| 가능한 봉사의 영역 | • 어린이를 돕기 위한 행사를 조직한다.<br>• 학급편성과 훈련을 주관한다.<br>• 교통편이 필요한 사람들을 찾아 연결한다.<br>• 필요한 사람과 물자를 찾아낸다. | • 프로그램과 필요한 물자를 위해 헌금한다.<br>• 어린이나 그 가족들을 돌본다.<br>• 자원 봉사자들을 위한 훈련을 지원한다. | • 학부모나 보호자들을 가르친다.<br>• 학습을 주도한다. |

• 제5장 영적은사 : 나는 무엇을 해야 하는가? •

## 영적은사와 열정과의 연관

### 상황 II : 다른 열정, 같은 은사

비슷한 직위에서 서로 다른 사역에 봉사하는 사람들

|  | 손승민 | 최명해 | 조희자 |
|---|---|---|---|
| **다른 열정** | 노인 | 무숙자 | 제자훈련 |
| **같은 영적은사** | 가르침 | 가르침 | 가르침 |
| **가능한 봉사의 영역** | • 양로원에서 성경공부를 주관한다.<br>• 노인들을 위한 주일학교에서 가르친다 | • 무숙자 보호소에서 신앙 생활을 지도한다.<br>• 무숙자를 위한 주일 학교반을 가르친다. | • 소그룹 인도자<br>• 선도자<br>• 개인적으로 진행해 나갈 수 있는 훈련 프로그램을 만든다. |

• 네트워크 은사배치 사역 •

# 영적은사와 열정과의 연관

**개별 활동 : 영적은사와 열정의 연결**

**지침**

1. 첫번째 네모칸 안에 당신의 주된 열정이라고 생각되는 것을 쓰십시오.

2. 두번째 네모칸 안에 당신의 주된 영적은사라고 생각되는 것을 쓰십시오.

3. 세번째 네모칸 안에 당신의 열정과 영적은사로 당신의 교회에서 봉사할 수 있다고 생각되는 가능한 사역 분야를 쓰십시오.

| 나의 주된 열정은 (21쪽에서) | |
|---|---|

| 나의 주된 영적은사는 (71쪽에서) | |
|---|---|

| 나의 열정과 영적은사로 봉사 가능하다고 생각되는 사역의 분야들 | |
|---|---|

• 제5장 영적은사 : 나는 무엇을 해야 하는가? •

## 제5장 요약

영적은사 참고 점검표를 사용해서 우리의 영적은사들을 찾아 보았습니다.

영적은사를 사용할 때 세 가지 일반적인 주의점들을 배웠습니다.

- 은사강요

- 은사교만

- 은사부정

우리의 주요 열정과 영적은사를 연결시켜 보았습니다.

# 제 6 장
# 사랑 : 어떠한 자세로 봉사해야 하는가?

### 중심 성구 : 고린도전서 13:1-8

## 개 요

제 6장에서는 다음과 같은 것들을 다루게 됩니다.

1. 사랑으로 하는 봉사와 사랑없는 봉사의 결과

2. 사랑없는 봉사와 사랑으로 하는 봉사의 차이

3. 사랑으로 하는 봉사의 원리를 실제 교회 사역에 적용하는 방법

4. 관심을 가지고 집중할 수 있는 봉사를 한 가지 찾아 내고, 이를 위해 취해야 할 실질적인 단계 모색

• 네트워크 은사배치 사역 •

## 사랑과 봉사

"내가 또한 제일 좋은 길을 너희에게 보이리라" (고린도전서 12:31b)

"내가 사람의 방언과 천사의 말을 할지라도 사랑이 없으면 소리나는 구리와 울리는 꽹과리가 되고 내가 예언하는 능이 있어 모든 비밀과 모든 지식을 알고 또 산을 옮길 만한 모든 믿음이 있을지라도 사랑이 없으면 내가 아무것도 아니요 내가 내게 있는 모든 것으로 구제하고 또 내 몸을 불사르게 내어 줄지라도 사랑이 없으면 내게 아무 유익이 없느니라" (고린도전서 13:1-3)

사랑이 없는 은사는 하나님이 누구이신지를 나타내지 못하며 _____을 나타내지 못합니다.

"사랑은 오래 참고 사랑은 온유하며 투기하는 자가 되지 아니하며 사랑은 자랑하지 아니하며 교만하지 아니하며 무례히 행치 아니하며 자기의 유익을 구치 아니하며 성내지 아니하며 악한 것을 생각지 아니하며 불의를 기뻐하지 아니하며 진리와 함께 기뻐하고 모든 것을 참으며 모든 것을 믿으며 모든 것을 바라며 모든 것을 견디느니라 사랑은 언제까지든지 떨어지지 아니하나" (고린도전서 13:4-8a)

• 제6장  사랑 : 어떠한 자세로 봉사해야 하는가? •

## 사랑없는 봉사와 사랑으로 하는 봉사

사랑없는 봉사(의무감)

사랑으로 하는 봉사(섬김의 정신)

• 네트워크 은사배치 사역 •

## 봉사의 동기가 무엇입니까?

|  | 사랑없는 봉사 | 사랑으로 하는 봉사 |
|---|---|---|
| 봉사의 근거 | "해야만 한다"는 태도 | "하나님을 섬기기 원한다"는 태도 |
| 봉사의 동기 | "내가 봉사를 안하면, 이런 식으로 봉사를 안하면, 혹은 이 정도 시간도 내지 않으면 다른 사람들이 뭐라고 하지 않을까" 하는 염려 때문에 봉사하는 동기 | 하나님과의 영적인 사귐과 하나님 한 분만이 궁극적으로 우리의 심중을 보신다는 것을 이해하기 때문에 봉사하는 동기 |
| 봉사의 자세 | 기본적으로 꼭 해야 하는 일만 겨우 함 | 꼭 해야 한다고 요구받은 일 이외의 것도 찾아서 함 |
| 사역의 관심 | 자기 계획에 따라 일을 하며 "그 일이 나에게 어떤 유익이 있나"에 관심을 둠 | "주님께서 지금 나에게 하시는 일이 무엇일까? 어떻게 내 삶이 주님을 영화롭게 할까? 주님께서 주신 능력을 가지고 오늘도 어떻게 다른 사람의 삶에 좋은 영향을 줄 수 있을까"에 관심을 둠 |

• 제6장  사랑 : 어떠한 자세로 봉사해야 하는가? •

## 봉사의 동기가 무엇입니까?

|  | 사랑이 없는 봉사 | 사랑으로 하는 봉사 |
|---|---|---|
| 봉사의 정신 | • _____<br>사랑이 없이 봉사할 때는 그 일에 대해 "내가 저 일을 해냈어, 나는 대단한 일을 할 수 있는 사람이야, 내가 대단치 않아? 내가 … 내가 … 내가 …" 하는 식으로 말함 | • _____<br>사랑으로 봉사할 때는 "하나님께서 하셨어! 하나님께서 나에게 은사를 주시고 그 은사가 신실하고 뜻있게 나타나도록 성령님께서 나를 인도하셨어! 하나님께서 다른 사람들의 삶에 영향을 주도록 나를 쓰셨어"라고 말하게 됨 |
| 봉사의 결과 | • _____<br>사랑없이 봉사하는 경우는 자신에게 다른 사람들의 시선을 모으고자 애씀 | • _____<br>사랑으로 하는 봉사의 경우는 "나를 보지 마십시오. 당신께 봉사하는 것이 참 기쁩니다. 하나님께 영광을 돌리세요. 하나님은 너무나 좋으신 분입니다"라고 말함 |

"이같이 너희 빛을 사람 앞에 비추게 하여 저희로 너희 착한 행실을 보고 하늘에 계신 너희 아버지께 영광을 돌리게 하라" (마태복음 5:16)

"너희가 서로 사랑하면 이로써 모든 사람이 너희가 내 제자인줄 알리라" (요한복음 13:35)

• 네트워크 은사배치 사역 •

## 그룹토의 : 사랑으로 하는 봉사

**지침**

1. 각자 관심이 있는 봉사 영역에 관해 한 가지씩만 토의하십시오.

2. 위에서 토의한 것에 대해 당신이 취할 수 있는 실질적인 첫 단계를 모색해 보십시오.

관심이 있는 봉사 영역 :

이를 위해 당신이 취할 수 있는 실제적인 한 가지 단계 :

• 제6장 사랑 : 어떠한 자세로 봉사해야 하는가? •

## 제6장 요약

사랑없는 봉사의 결과는 하나님 나라의 확장에 별다른 영향을 주지 못합니다.

사랑으로 봉사하는 것과 사랑없이 봉사하는 것의 차이를 살펴보았습니다.

사랑으로 하는 봉사의 기본 원칙들을 실제 사역 현장에 적용해 보았습니다.

# 제 7 장
# 스타일 : 어떻게 봉사할 것인가?

## 중심 성구 : 시편 139:13-16

## 개 요

제 7장에서는 다음과 같은 것을 다루게 됩니다.

1. 개인 스타일의 세 가지 특성

2. 개인 스타일의 두 가지 주요 요소

3. 개인 스타일 평가표를 이용한 자신의 스타일 파악

4. 봉사자 프로필 작성

5. 봉사자 프로필에 따라 가능하다고 생각되는 두 가지 일을 찾아보기

• 네트워크 은사배치 사역 •

## 개인 스타일의 특성

1. 개인 스타일은 하나님께서 주신 것입니다.

2. 개인 스타일에는 옳고 그름이 없습니다.

3. 개인 스타일은 _____라는 질문에 답을 줍니다.


"주께서 내 장부를 지으시며 나의 모태에서 나를 조직하셨나이다 내가 주께 감사하옴은 나를 지으심이 신묘막측하심이라 주의 행사가 기이함을 내 영혼이 잘 아나이다 내가 은밀한 데서 지음을 받고 땅의 깊은 곳에서 기이하게 지음을 받은 때에 나의 형체가 주의 앞에 숨기우지 못하였나이다 내 형질이 이루기 전에 주의 눈이 보셨으며 나를 위하여 정한 날이 하나도 되기 전에 주의 책에 다 기록이 되었나이다" (시편 139:13-16)


당신의 이름을 쓰십시오.


A. _____

B. _____

• 제7장  스타일 : 어떻게 봉사할 것인가? •

## 개인 스타일의 요소

**일 중심  ⬅➡  사람 중심**

이 측정치는 우리가 어떻게 감정적인 면에서 힘을 얻으며 일을 수행해 나가는지를 보여 줍니다.

**일 중심**

일을 함으로써
힘이 난다.

```
어떻게 힘을 얻는가?
       일 중심
         ⬆
         ⬇
       사람 중심
```

**사람 중심**

사람들과 교제함으로써
힘이 난다.

**만약 당신이 일 중심적인 사람이라면 :**

당신의 사역의 주된 부분은 사람들에게 봉사하는 _____을 성취하는 데 있습니다.

당신의 초점은 _____ 에 있을 것입니다.


**만약 당신이 사람 중심적인 사람이라면 :**

당신의 사역의 주된 부분은 _____에 더 많이 관련될 것입니다.

당신의 초점은 _____에 있을 것입니다.

사람 중심이든 일 중심이든 간에 모두 인간 관계를 개발하고 목표를 달성하는 것을 중요시하지만, 이것을 이루어나가는 데에는 각각 일차적인 수단과 이차적인 수단을 가지고 있습니다.

• 네트워크 은사배치 사역 •

# 개인 스타일의 요소

**비체계적** ⬅➡ **체계적**

이 측정치는 자신이 어떤 방식으로 일을 수행하는지를 나타냅니다.

**비체계적**

선택의 여지가 많고 융통성이 있는 것을 좋아한다.

**체계적**

계획과 생활의 질서를 가져오는 것을 좋아한다.

**만약 당신이 비체계적이라면 :**

당신의 사역 직분은 _____ 기술되어야 할 것입니다.

다른 사람들과의 관계는 _____ 으로 이루어져야 할 것입니다.

**만약 당신이 체계적이라면 :**

당신의 사역 직분은 _____ 기술되어야 할 것입니다.

다른 사람들과의 관계는 _____ 으로 이루어져야 할 것입니다.

비체계적이든 체계적이든 간에 조직화하는 것을 중요시하지만 서로 다른 방법을 사용하고 있는 것입니다.

• 제7장  스타일 : 어떻게 봉사를 잘 할 수 있을까? •

## 개인 스타일의 평가

**지침**

1. 각 항목마다 당신에게 가장 적합한 것에 표시하십시오.

2. 배우자나 가족 또는 직장 상사가 기대하는 것에 따라 답하지 마십시오.

3. 당신이 아무 제한을 받지 않는다고 가정하고 자연스럽게 나오는 행동이나 관점을 선택하십시오.

**당신은 어떤 방식으로 일을 수행합니까?**

| | | | | | |
|---|---|---|---|---|---|
| 1. 휴가보내기 | 즉흥적인 것을 좋아함 | 1  2  3  4  5 | 계획에 따른 것을 좋아함 |
| 2. 지침을 세울 때 | 일반적으로 하는 것을 좋아함 | 1  2  3  4  5 | 정확하고 분명한 것을 좋아함 |
| 3. 나는 | 선택의 여지를 남겨두는 것을 좋아함 | 1  2  3  4  5 | 당장 결말을 보는 것을 좋아함 |
| 4. 좋아하는 업무는 | 다양한 종류의 업무를 좋아함 | 1  2  3  4  5 | 일상적인 업무를 좋아함 |
| 5. 나는 | 임기응변적으로 일하는 것을 좋아함 | 1  2  3  4  5 | 계획에 따라 일하는 것을 좋아함 |
| 6. 일상적인 일에 | 싫증을 느낌 | 1  2  3  4  5 | 편하게 느낌 |
| 7. 일을 할 때 | 형편에 따라 하는 것이 가장 효과적임 | 1  2  3  4  5 | 계획에 따라 일하는 것이 가장 효과적임 |

당신은 어떤 방식으로 일을 수행합니까? **총계**   0 =

• 네트워크 은사배치 사역 •

# 개인 스타일의 평가

### 당신은 어떻게 힘을 얻습니까?

| | | | | |
|---|---|---|---|---|
| 1. 좀더 편안하게 느껴지는 경우는 | 다른 사람들을 위해 일하는 경우 | 1  2  3  4  5 | 다른 사람들과 함께 있는 경우 |
| 2. 일을 할 때의 경향은 | 목표에 초점을 둔다 | 1  2  3  4  5 | 인간관계에 초점을 둔다. |
| 3. 열심이 생기는 경우는 | 명분을 이행할 때 | 1  2  3  4  5 | 조직체를 형성할 때 |
| 4. 성취감을 느끼는 때는 | 일이 끝났을 때 | 1  2  3  4  5 | 인간관계가 수립되었을 때 |
| 5. 회의의 시작 | 제 시간에 시작한다 | 1  2  3  4  5 | 모든 사람들이 모였을 때 시작한다 |
| 6. 업무 진행시 염려되는 것은 | 업무를 제때 끝내는 것 | 1  2  3  4  5 | 업무팀을 잘 유지하는 것 |
| 7. 업무 수행시 특히 중요시 하는 것은 | 일하는 것 | 1  2  3  4  5 | 대화 |

어떻게 힘을 얻습니까? **총계**   E =

### 자신의 스타일 계산법

1. 117 페이지에 있는 측정치의 총계 "O"에 해당되는 수치를 다음 페이지에 있는 "O" 측정선상(가로선)에서 찾아 ×표를 하십시오.

2. 위에서 얻은 당신의 측정치 "E"의 총계에 해당되는 수치를 다음 페이지에 있는 "E" 측정선상(세로선)에서 찾아 ×표를 하십시오.

3. "O" 측정선상에 표시한 ×표를 따라 수직으로 선을 그으십시오.

• 제7장 스타일 : 어떻게 봉사할 것인가? •

# 개인 스타일의 평가

4. "E" 측정선상에 표시한 ×표를 따라 수평으로 선을 그으시오.

5. 두 선이 만나는 곳이 당신의 개인 스타일을 나타냅니다(예를 참조하십시오).

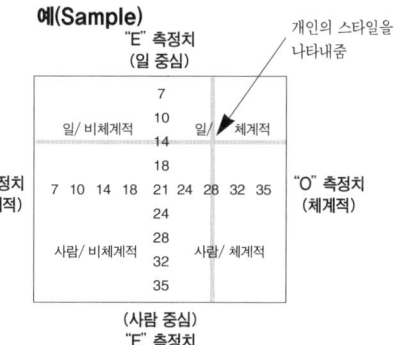

"E" 측정치
(일 중심)

|  | 7 |  |
|---|---|---|
| 일/ 비체계적 | 10 | 일/ 체계적 |
|  | 14 |  |
|  | 18 |  |
| "O" 측정치<br>(비체계적)  7  10  14  18 | 21  24  28  32  35 | "O" 측정치<br>(체계적) |
|  | 24 |  |
|  | 28 |  |
| 사람/ 비체계적 | 32 | 사람/ 체계적 |
|  | 35 |  |

(사람 중심)
"E" 측정치

당신의 개인 스타일을 124페이지에 옮겨 쓰십시오.

• 네트워크 은사배치 사역 •

## 개인 스타일의 4상한

```
                    "E" 측정치
                    (일 중심)
                        7
                       10
       일/ 비체계적     14      일/ 체계적
                       18
"O" 측정치                                    "O" 측정치
(비체계적)   7  10  14  18   21   24  28  32  35   (체계적)
                       24
                       28
       사람/ 비체계적          사람/ 체계적
                       32
                       35
                    (사람 중심)
                    "E" 측정치
```

### 일 중심/ 비체계적

- 일반적인 지시사항
- 필요가 있으면 어디서나 도움을 줌
- 융통성이 많음
- 눈에 보이는 결과를 좋아함

_____ 직무를 감당해야 하는 직분을 고려해 보십시오.

### 일 중심/ 체계적

- 직무를 달성
- 의사 결정 사항을 따르기를 좋아함
- 결과에 초점을 둠
- 분명한 지시받는 것을 좋아함

_____ 이 무엇이고 일을 _____ 끝내야 하는가를 분명히 알 수 있는 직분을 고려해 보십시오.

• 제7장  스타일 : 어떻게 봉사할 것인가? •

# 개인 스타일의 4상한

### 사람 중심/ 비체계적

- 즉흥적 상황
- 원만한 대인관계
- 이야기하는 것을 매우 좋아함
- 융통성이 있음

다른 사람들과 _____ 반응할 수 있는 자유가 허락되는 직분을
고려해 보십시오.


### 사람 중심/ 체계적

- 짜여진 인간 관계
- 온화한 느낌을 줌
- 친숙한 주변 환경
- 친숙한 인간 관계를 즐김

좀 더 _____ 이며 _____ 아래서 다른 사람들과 관계
를 맺는 것을 가능케 하는 직분을 고려해 보십시오.

• 네트워크 은사배치 사역 •

## 개인 스타일의 정도

"E" 측정치
(일 중심)

|  |  |  |
|---|---|---|
| 승우 은혜 7 | | |
| 10 | | |
| 일/ 비체계적 | 일/ 체계적 | |
| 14 | | |
| 희진 남철 18 | | |
| 7  10  14  18  21  24  28  32  35 | | |
| 24 | | |
| 28 | | |
| 사람/ 비체계적  32  사람/ 체계적 | | |
| 35 | | |

"O" 측정치　　　　　　　　　　　　　　"O" 측정치
(비체계적)　　　　　　　　　　　　　　(체계적)

(사람 중심)
"E" 측정치

• 제7장  스타일 : 어떻게 봉사할 것인가? •

## 개인 스타일의 요약

개인 스타일은 우리의 행위를 _____ 해주지만

우리의 행위에 _____를 주지는 않습니다. (우리의 행위를 변명해 주지는 않습니다.)

• 네트워크 은사배치 사역 •

## 봉사자 프로필 작성

**지침**

1. 아래의 빈 칸에 당신의 개인 스타일을 기록하십시오.

2. 당신의 열정과 은사를 아직 기록하지 않았다면 그것들도 함께 기록하십시오.

• 제7장  스타일 : 어떻게 봉사할 것인가? •

# 그룹토의 : 가능한 사역들을 찾아보십시오

### 지침

1. 당신의 봉사자 프로필에 대해 그룹토의 시간에 나누십시오.
   (그룹원들이 각자의 봉사자 프로필에 대해 이야기 할 때 아래의 봉사자 프로필 빈 칸에 그들의 이름, 열정, 은사와 개인 스타일들을 기록하십시오.)

2. 각자에게 가능한 사역에 대해 의견을 나누고, 다음 장에 있는 빈 칸에 그것들을 쓰십시오.

3. 당신에게 가장 흥미있다고 여겨지는 사역에 ×표시 하십시오.
   당신의 교회에 그러한 사역이 있는가 없는가에 대해서는 신경쓰지 마십시오.

### 봉사자 약식 프로필(MINI-SERVANT PROFILES)

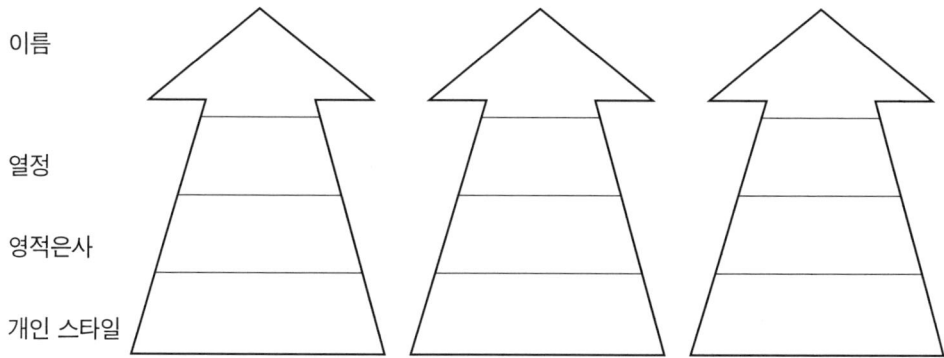

이름

열정

영적은사

개인 스타일

• 네트워크 은사배치 사역 •

## 그룹토의 : 우리 교회에서 가능한 사역들

**우리 교회 사역 중에서 내가 관심이 있고 사역이 가능한 일들은 :**

☐ _____
_____

☐ _____
_____

☐ _____
_____

☐ _____
_____

☐ _____
_____

• 제7장  스타일 : 어떻게 봉사할 것인가? •

## 제7장 요약

개인 스타일은 '어떻게' 라는 질문에 대한 답입니다.


개인 스타일의 요소
- 어떻게 힘을 얻는가? 일 중심/ 사람 중심
- 어떤 방식으로 일을 수행하는가? 비체계적/ 체계적


봉사자 프로필
- 당신을 향한 하나님의 뜻

# 제 8 장
# 봉사 : 봉사는 평생을 통해서 하는 것이다

## 중심 성구 : 베드로전서 4:10

## 개 요

제 8장에서는 다음과 같은 것들을 다루게 됩니다.

1. 평생 봉사의 두 가지 원칙

2. 개인적인 기여와 공동체적인 기여의 차이점

3. 개인으로 기여하고 공동체적인 차원에서 기여하는 당신의 능력에 영향을 주는 두 가지 요소

4. 네트워크의 두번째 과정인 상담 과정 검토

• 네트워크 은사배치 사역 •

## 봉사는 평생을 통해서 하는 것

"그러므로 형제들아 내가 하나님의 모든 자비하심으로 너희를 권하노니 너희 몸을 하나님이 기뻐하시는 거룩한 산 제사로 드리라 이는 너희의 드릴 영적 예배니라" (로마서 12:1)

예배는 평생을 통해서 하는 것입니다.

"각각 은사를 받은대로 하나님의 각양 은혜를 맡은 선한 청지기같이 서로 봉사하라" (베드로전서 4:10)

청지기직은 평생을 통해서 요구되는 것입니다.

"형제들아 너희가 자유를 위하여 부르심을 입었으나 그러나 그 자유로 육체의 기회를 삼지 말고 오직 사랑으로 서로 종노릇하라" (갈라디아서 5:13)

봉사는 평생을 통해서 하는 것입니다.

• 제8장  봉사 : 봉사는 평생을 통해서 하는 것이다 •

## 개인적인 기여 / 공동체적인 기여

**개인적인 기여**

개인적인 기여란 당신의 _____ 에 기록된 대로 당신이 소유하고 있는 열정과 영적은사와 개인 스타일에 따라 교회를 섬기는 것을 말합니다.

**공동체적인 기여**

공동체적인 기여란 모든 성도들이 교회의 _____ , 곧 예배와 봉사의 일들을 함께 감당하는 것을 의미합니다.

• 네트워크 은사배치 사역 •

## 개인적인 기여 / 공동체적인 기여

### 개인적으로 기여하고 공동체적인 차원에서 기여하는
### 당신의 능력에 영향을 주는 두 가지 요소

**가용성** 〔가용성(availability)이란 교회를 위하여 봉사할 수 있는 시간의 정도와 삶의 환경을 의미함 ; 역자주〕

영적 성숙도

• 제8장 봉사 : 봉사는 평생을 통해서 하는 것이다 •

## 상담

상담자는 당신의 봉사자 프로필을 통해 당신에게 알맞은 사역의 영역을 찾기 위해 당신과 함께 상담할 것입니다.

상담을 위해서 부록 145-153쪽을 완성하여 주십시오.

• 네트워크 은사배치 사역 •

## 네트워크 요약

왜 봉사해야 하는가?

- 하나님께 영광을 돌리며
- 다른 사람에게 덕을 세우기 위하여

어떻게 봉사해야 하는가, 봉사자 프로필에 의하면:

- 열정은 '어느 분야'에서 해야 할 것인가를 알려 주고
- 영적은사는 '무엇'을 해야 할 것인가를 알려 주며
- 개인 스타일은 '어떻게' 해야 할 것인가를 알려 줍니다.

봉사할 때 우리는 다음과 같이 봉사합니다.

- 한 몸으로서
- 사랑 안에서


사랑 안에서 이루어진 일은 영원합니다.

봉사는 평생을 통해서 하는 것입니다.

• 제8장 봉사 : 봉사는 평생을 통해서 하는 것이다 •

## 영적은사

다스림(행정관리)

사도

재주(기술, 기능)

예능(창의적 의사 전달)

영분별

권위

전도

믿음

구제

병고침

돕는 일

대접

중보기도(도고)

통역

지식

지도력

긍휼

능력

예언

목사(목자)

가르침(교사)

방언

지혜

• 부록 •

# 과정 평가

**네트워크 자료**

1. 가치나 질적인 면에서 이 프로그램이 어느 정도 당신의 기대를 충족시켰습니까?

   | **5** | **4** | **3** | **2** | **1** |
   |---|---|---|---|---|
   | 기대 이상 | | 기대대로 | | 기대 이하 |

2. 이 프로그램을 통해서 당신은 얼마나 많이 배웠습니까?

   | **5** | **4** | **3** | **2** | **1** |
   |---|---|---|---|---|
   | 상당히 | | 적당히 | | 별로 |

3. 배운 것들이 당신의 교회나 사역에 어느 정도 연관된다고 생각하십니까?

   | **5** | **4** | **3** | **2** | **1** |
   |---|---|---|---|---|
   | 매우 연관됨 | | 다소 연관됨 | | 연관되지 않음 |

4. 다른 사람에게 이 프로그램에 참가하도록 추천하겠습니까?

   | **5** | **4** | **3** | **2** | **1** |
   |---|---|---|---|---|
   | 확실히 할 수 있음 | | 가능할 것 같음 | | 전혀 못함 |

5. 이 프로그램의 어떤 점이 가장 유용합니까?
   _____
   _____

6. 이 프로그램의 어떤 점이 가장 유용하지 못합니까?
   _____
   _____

• 부록 •
## 과정 평가

7. 이 프로그램에 포함되었어야 할 것 중 빠진 것이 있다면 무엇입니까?

_____

_____


**인도자에 대하여**

8. 이 자료에 관하여 인도자가 어느 정도의 깊이 있는 이해와 확신을 보여 주었습니까?

       **5**        **4**        **3**        **2**        **1**
    상당히                어느 정도         전혀 그렇지 못함

9. 인도자가 당신으로 하여금 공부하도록 어느 정도 동기를 부여해 주었습니까?

       **5**        **4**        **3**        **2**        **1**
    상당히                어느 정도          전혀 그렇지 못함

10. 인도자가 참가자들과의 상호 관계를 통해서 어느 정도 당신의 공부에 도움을 주었습니까?

       **5**        **4**        **3**        **2**        **1**
    상당히                어느 정도          전혀 그렇지 못함

11. 기타 의견

_____

_____

_____

_____

• 부록 •
# 영적은사와 혼동하지 말아야 할 것들

## 재능

재능은 당신에게 은사가 주어졌다는 것을 표시하는 것이 될 수는 있지만 반드시 영적은사와 동일하다고는 할 수 없습니다.

영적은사와 선천적 재능은 구별되어야 합니다. 영적은사는 신자들에게만 고유하게 있는 것이고, 재능은 모든 사람들에게 일반적으로 부여된 것입니다. 둘 다 하나님이 주신 것입니다. 당신의 경험과 성격이 어느 특별한 영적은사를 나타낼 수 있는 것처럼 당신의 재능도 그럴 수 있습니다. 영적은사로 확인되려면 반드시 그 은사가 하나님께 영광을 돌리며 다른 사람에게 덕을 세울 수 있어야 합니다.

## 성령의 열매

갈라디아서 5:22-23에 기록된 성령의 열매(사랑, 희락, 화평, 오래 참음, 자비, 양선, 충성, 온유, 절제)는 영적인 성숙도를 나타냅니다. 성령의 열매는 성품의 발전에 관한 것으로서, "존재"하는 성향인 반면에 영적은사는 "실행"하는 성향을 가지고 있습니다.

성령의 열매와 영적은사는 신자들의 삶에 명백히 있어야 합니다. 둘 다 균형있게 하나님을 경외하는 삶에 있어서 중요한 것들입니다.

## 영성 훈련

영성 훈련은 개인의 성경 공부, 기도, 금식, 십일조 그리고 신앙을 성장시키고 죄에 대한 욕구를 제지하며 성품을 발전시키는 다른 훈련들을 포함하고 있습니다. 영성 훈련은 우리와 하나님과의 관계를 성장시키는 데 도움을 줍니다.

• 부록 •

## 영적은사와 혼동하지 말아야 할 것들

영적은사는 우리가 그리스도의 몸된 교회 안에서 봉사하도록 돕습니다.
영적은사와 영성 훈련의 관계는 아래와 같이 비교될 수 있습니다.

**영적은사**
- 복음 전도
- 중보기도
- 지식

**영성 훈련**
- 간증(증거)
- 간구
- 성경공부

### 사역 직책

우리는 교회에서 어떤 사람들을 목사, 교사 혹은 지도자라고 부릅니다. 이 직책들은 그들의 영적은사와 정확하게 맞을 수도 있고 그렇지 않을 수도 있습니다. 예를 들면, 많은 소그룹의 지도자들이 있지만 그들에게는 지도력의 은사가 전혀 없을 수도 있으며, 소그룹 지도자(지위)가 되기 위해, 그러한 은사가 필요치 않기도 합니다. 어떤 사람은 목회의 은사를, 어떤 사람은 권위의 은사를, 어떤 사람은 가르침의 은사 또는 지도력의 은사를 가질 수 있습니다. 주일학교 교사라고 해서 모두 가르침의 은사를 가졌다고 할 수는 없습니다. 이들은 교사라고 부르지만 다른 은사를 가지고 있을 수 있습니다. 이러한 직책들은 교회 내에서 의사 전달 목적상 중요하지만, 기억해야 할 것은 이 직책들이 그 사람의 영적은사와 항상 정확하게 맞는 것은 아니라는 사실입니다.

• 부록 •

# 상담 준비

### 상담의 효과를 극대화하는 방법 :

1. 상담 이전 :

   - 당신과 상담자에게 지혜와 분별력을 주시기를 기도하십시오.
   - 당신의 봉사자 프로필을 검토하고 당신의 열망, 영적은사 그리고 개인 스타일을 상담자와 의논하기 위한 준비를 하십시오.
   - 141-143쪽에 있는 가용성과 영적 성숙도에 관한 내용들을 검토하고, 145-148쪽의 개인신상 조사카드를 완성하십시오.
   - 당신의 독특한 면을 살릴 수 있고 또 당신이 매우 관심을 가지고 있는 사역들을 판별합니다.
   - 하나님께서 당신을 들어 쓰시기에 가장 자연스럽게 보이는 사역들에 우선 순위를 정하는 것에 상담자와 협력해야 할 것을 명심해야 합니다.

2. 어떤 이유로든지 상담자와의 약속 시간을 지킬 수 없을 때에는 최소한 이틀 전에 미리 통보해 주어야 합니다.

3. 상담 후 2주일 이내, 즉 당신의 생각과 이해가 아직 선명할 때에 당신이 확인한 구체적인 사역 분야에 참여할 수 있는지를 알아 보십시오.

4. 특정 사역에 참여하는 것에 대해 기도와 묵상과 탐구를 하는 데 시간을 들여야 합니다.

5. 다른 질문이 있으면 상담자에게 물으십시오. 상담자는 당신을 돕는 일로써 사역하는 자원봉사자입니다.

• 부록 •

# 상담 준비

## 가용성(availability)

우리 삶의 환경과 장소는 우리의 가용성에 영향을 줍니다.

당신은 자녀가 있습니까? 기혼자입니까? 독신입니까? 자녀를 가진 독신자입니까? 당신이 봉사하는 시간에 영향을 주는 문제들은 무엇이 있습니까?

일주일 동안에 얼마나 여행을 합니까? 봉사가 가능한 지역에서 얼마나 먼 곳에 살고 있습니까? 일주일 동안 어떤 활동에 참여합니까?

당신이 봉사할 수 있는 시간은 어느 정도입니까? 당신의 봉사보다 우선권이 낮은 활동들에 시간을 소비하고 있지는 않습니까?
우리는 균형된 삶을 지지하지만, 봉사가 우선이라는 것을 깨닫게 됩니다.

현재의 시간 사정 및 우선 순위로 고려해 볼 때 봉사를 할 수 있는 시간이 있습니까? 지금 시간이 없다고 해서 봉사할 수 없는 것은 아닙니다. 장래에 봉사할 것을 계획하면서 현시점에서 당신의 일정에 알맞는 연관된 직책을 찾을 수도 있을 것입니다.

• 부록 •

# 상담 준비

당신이 시간을 할애하는 주요한 일들을 기록해 보십시오.

_____
_____
_____
_____
_____
_____
_____
_____
_____
_____
_____
_____

당신이 이번에 할애할 수 있는 가능한 시간을 표시해 보십시오.

- 제한되어 있음 : 일주일에 1-2시간
- 적당함 : 일주일에 2-4시간
- 상당히 많음 : 일주일에 4시간 이상

만약 이번에 봉사할 수 없다면, 미래에 어떻게 봉사할 수 있는지를 당신의 상담자와 의논하십시오.

• 부록 •

# 상담 준비

## 영적 성숙도

만약 당신이 그리스도와의 관계를 영적인 스냅 사진으로 찍는다면 아래 중 어느 것이 당신의 현 상태를 가장 잘 묘사하고 있습니까?

☐ **구도자**
당신은 그리스도와 기독교 신앙을 더 잘 이해해 가고 있으나 아직 당신의 죄를 사해 주신 예수님을 개인적으로 신뢰하지 않고 있습니다. 당신은 여전히 기독교를 탐색하고 있으며, 여전히 진리를 찾고 있습니다.

☐ **새신자**
당신은 최근에 기독교인이 되었고, 예수 그리스도와의 새로운 동행에 흥분하고 있거나, 혹은 얼마동안 기독교인이었지만 그가 풍성한 삶을 약속하셨다는 말을 통하여 예수님이 뜻하시는 바를 이제야 배우게 되었습니다. 어쨌든, 당신은 기독교 신앙의 기본과 그리스도와 개인적 관계를 가지고 매일 동행하는 것이 무엇인가 이해하는 면에서 더욱 성장해야 합니다.

☐ **안정되고 성장하는 평신도**
당신은 하나님의 신실하심과 그의 뜻을 당신의 삶을 통해서 이루시는 그의 능력을 확신합니다. 당신은 가르침을 잘 받고 성령의 인도에 민감합니다. 당신은 예수님을 아는 것에서 나오는 안정감을 보여 주며, 규칙적으로 형제들과 같이 예배하고 적극적으로 더욱 헌신적인 삶을 추구합니다.

☐ **지도(인도)자**
당신은 신앙이 매우 성숙해 있습니다. 당신은 충성의 본을 보여 줄 수 있고, 다른 신자들을 고무시킬 수 있습니다. 당신은 본을 보임으로써 다른 사람을 지도할 수 있고, 개인적으로 예수 그리스도와 함께 동행하는 것이 무엇을 의미하는가에 대해 다른 사람들이 더 깊이 이해하도록 인도할 수 있습니다.

• 부록 •

# 상담 준비

**개인신상 조사카드 - 1**

### 개인신상

이름: _____ 네트워크 훈련 년/월: _____
주소: _____
전화: 집 _____ 직장 _____
생년월일: _____(양력/음력)  □ 남자  □ 여자

### 가족

□ 미혼  □ 기혼
배우자 이름: _____ 생년월일: _____(양력/음력)
자녀  이름: _____  □ 남 □ 여  생년월일: _____
       _____  □ 남 □ 여  생년월일: _____
       _____  □ 남 □ 여  생년월일: _____
       _____  □ 남 □ 여  생년월일: _____

### 교회

교회 출석 일자 :    년    월    일
교회 등록 교인입니까?  □ 예  □ 아니오

### 교회사역참여

| 구분<br>과거/현재 | 기 간 | 사 역 | 리 더 | 소 속 |
|---|---|---|---|---|
|  |  |  |  |  |
|  |  |  |  |  |
|  |  |  |  |  |
|  |  |  |  |  |

• 부록 •

# 상담 준비

**개인신상 조사카드 - 2**

나의 열정은 :
1.
2.

상담자가 완성한다.

열정
1.
2.

나의 영적은사들은 :
1.
2.
3.

영적은사
1.
2.
3.

나의 개인 스타일은 :   □ 사람중심/체계적    □ 사람중심/비체계적
                      □ 일중심/체계적      □ 일중심/비체계적

나의 신앙 성숙 상태는 :  □ 구도자            □ 새/초신자
                        □ 안정/성장          □ 인도/지도자

현재 가용한 시간은 :    □ 1-2시간           □ 2-4시간
                       □ 4시간 이상         □ 잘 모르겠다

좀더 알고 싶은 사역은 :

_____

| 봉사에 적합한 사역 | 위원회 |
|---|---|
| a. _____ | _____ |
| b. _____ | _____ |
| c. _____ | _____ |

상담자 이름 : _____  전화 : _____
상담자 의견 : _____

• 부록 •

# 상담 준비

## 개인신상 조사카드 - 3

### 직업

□ 취업   □ 자영업   □ 무직
회사 이름 : _____
직    위 : _____
업종/분야 : _____

### 교육

□ 고등학교 이하   □ 고등학교   □ 대학교   □ 대학원

### 간증

어떻게 예수님을 개인의 구주로 영접하였습니까?
어떻게 예수님과의 교제를 유지하고 있습니까?

_____
_____
_____
_____
_____
_____
_____
_____
_____
_____

• 부록 •

# 상담 준비

## 개인신상 조사카드 - 4A

당신의 봉사자 프로필 이외에 당신이 가지고 있는 재능이나 기능에 표시하십시오.

**전문적인 봉사**
- □ 정신건강
- □ 사회사업
- □ 재정(재무)
- □ 치과
- □ 의과
- □ 척추/물리치료
- □ 법률
- □ 회계
- □ 부기
- □ 세무
- □ 간호
- □ 정원사
- □ 창문청소
- □ _____기술자
- □ 구조원
- □ 상담
- □ 직업상담
- □ 실업상담
- □ 보육
- □ 법집행
- □ 인사관리
- □ 섭외
- □ 광고
- □ 텔레비전
- □ 라디오
- □ 컴퓨터 프로그램
- □ 응급치료
- □ 조직 분석
- □ 보도/작가

**예술**
- □ 설계
- □ 사진
- □ 도안
- □ 다목적 매체
- □ 식자
- □ 공예
- □ 예술
- □ 현수막 제작
- □ 장식

**교사 및 보조**
- □ 유치원
- □ 초등학교
- □ 중학교
- □ 고등학교
- □ 독신자(18-24세)
- □ 독신자(25세이상)
- □ 부부
- □ 남성모임
- □ 여성모임
- □ 가정교사
- □ 장애인 교사
- □ 연구원
- □ 보건체조
- □ 예산상담
- □ _____

**기계 기술**
- □ 복사기 수리
- □ 디젤기계 수리
- □ 자동차 수리
- □ 기타 엔진 수리
- □ 기계공
- □ _____

**사무 기능**
- □ 타이핑
- □ 워드프로세싱
- □ 안내원
- □ 사무실 관리
- □ 자료 입력
- □ 서류 정리
- □ 우편물 관리
- □ 도서실
- □ 필사
- □ 속기

**선교**
- □ 선교
- □ 전도
- □ _____

**연극/문예**
- □ 배우
- □ 시인
- □ 무용
- □ 무언극
- □ 인형극
- □ 시청각 자료 제작
- □ 음향 조절
- □ 조명
- □ 무대 장치
- □ 무대 장식
- □ 무대 보조
- □ 극작가
- □ _____

**건축**
- □ 일반 건축
- □ 건축 설계
- □ 목수(일반)
- □ 목수(특수)
- □ 전기공
- □ 플러밍
- □ 냉방
- □ 에어콘
- □ 페인팅
- □ 도배
- □ 벽돌공
- □ 지붕수리
- □ 전화
- □ 실내 장식
- □ _____

**음악**
- □ 합창 지휘자
- □ 합창단원
- □ 독창자
- □ 연주자
- □ 작곡가
- □ 반주자
- □ 피아노 조율
- □ _____

**일반봉사**
- □ 장애인
- □ 청각장애인
- □ 수감자
- □ 수학능력 장애인
- □ 무숙자 보육
- □ 병원 심방
- □ 식사 제공
- □ 숙소 제공
- □ 출납계
- □ 아동 보육
- □ 고객 봉사
- □ 음식 봉사
- □ 정원 관리
- □ 건물 관리
- □ 대지 관리
- □ 교통 정리
- □ 눈치우기
- □ 결혼식 보조
- □ 책방
- □ 테이프 복사
- □ 식료품 조달
- □ 운동 책임자
- □ 운동 교사
- □ _____

**기타**
- □ _____
- □ _____
- □ _____

• 부록 •

# 상담 준비

## 개인신상 조사카드 - 4B

아래의 목록표는 인천 성광교회에서 진행하고 있는 교회봉사를 위한 **자료로서** 개교회의 편의를 위해 동 교회의 허락을 받고 삽입합니다.

| 번호 | 봉사 내용 | 횟수 | 인원 | 번호 | 봉사 내용 | 횟수 | 인원 |
|---|---|---|---|---|---|---|---|
| | 선교센타 지하 - 어학실 | | | | 아가페 | | |
| 1 | 부스(책상) 및 바닥 청소/ 휴지통 비우기 | | 1 | 28 | 주방 월요일 봉사 | 오전 10시-오후 4시 | 3 |
| 2 | 어학실습기기 작동 점검 관리 | | 1 | 29 | 주방 월요일 봉사 | 오후 4시-9시 30분 | 3 |
| | - 벧엘관 - | | | 30 | 주방 화요일 봉사 | 오전 10시-오후 4시 | 3 |
| 3 | 신발장 및 바닥 청소 | | 1 | 31 | 주방 화요일 봉사 | 오후 4시-9시 30분 | 3 |
| 4 | 휴지통 비우기 | 수시로 | 1 | 32 | 주방 수요일 봉사 | 오전 10시-오후 4시 | 3 |
| 5 | 강단휘장 세탁 | 1년에 2회 | 2 | 33 | 주방 수요일 봉사 | 오후 4시-9시 30분 | 3 |
| 6 | 커튼 세탁 : 좌측 | 1년에 4회 | 2 | 34 | 주방 목요일 봉사 | 오전 10시-오후 4시 | 3 |
| 7 | 커튼 세탁 : 우측 | 1년에 4회 | 2 | 35 | 주방 목요일 봉사 | 오후 4시-9시 30분 | 3 |
| 8 | 바닥청소 및 청결 유지 | 수시 확인 | 2 | 36 | 주방 금요일 봉사 | 오전 10시-오후 4시 | 3 |
| 9 | 유리창문 닦기 : 좌측 | 한달에 2회 | 1 | 37 | 주방 금요일 봉사 | 오후 4시-9시 30분 | 3 |
| 10 | 유리창문 닦기 : 우측 | 한달에 2회 | 1 | 38 | 주방 토요일 봉사 | 오전 10시-오후 4시 | 3 |
| 11 | 강대상, 피아노 청소 | 수시 확인 | 1 | 39 | 주방 토요일 봉사 | 오후 4시-9시 30분 | 3 |
| 12 | 유리 : 안쪽 | 주 1회 | 1 | 40 | 카운터 월요일 봉사 | 오전 10시-오후 4시 | 1 |
| 13 | 유리 : 바깥쪽 | 주 1회 | 1 | 41 | 카운터 월요일 봉사 | 오후 4시-9시 30분 | 1 |
| 14 | 바닥 및 책상, 소파 청소 | 주 1회 | 1 | 42 | 카운터 화요일 봉사 | 오전 10시-오후 4시 | 1 |
| | 선교센타 1층 - 도서관 | | | 43 | 카운터 화요일 봉사 | 오후 4시-9시 30분 | 1 |
| 15 | 대출작업 | 아침 10시-2시 | 7 | 44 | 카운터 수요일 봉사 | 오전 10시-오후 4시 | 1 |
| 16 | 출입대상자 통제 | 오후 2시-6시 | 7 | 45 | 카운터 수요일 봉사 | 오후 4시-9시 30분 | 1 |
| 17 | 도서관 내 정숙 유지 | 6시-밤10시 | 7 | 46 | 카운터 목요일 봉사 | 오전 10시-오후 4시 | 1 |
| 18 | 수족관 청소 및 물갈이 | 주 1회 | 1 | 47 | 카운터 목요일 봉사 | 오후 4시-9시 30분 | 1 |
| 19 | 물고기 먹이주기 | 매일 | 1 | 48 | 카운터 금요일 봉사 | 오전 10시-오후 4시 | 1 |
| 20 | 의자 커버 및 방석 세탁 | 석달에 1회 | 1 | 49 | 카운터 금요일 봉사 | 오후 4시-9시 30분 | 1 |
| 21 | 유리창 닦기(항시 청결 유지) | 주 1회 | 2 | 50 | 카운터 토요일 봉사 | 오전 10시-오후 4시 | 1 |
| 22 | 바닥 청소 및 휴지통 비우기 | 수시로 | 1 | 51 | 카운터 토요일 봉사 | 오후 4시-9시 30분 | 1 |
| 23 | 커튼 세탁 | 1년에 4회 | 2 | 52 | 테이블보 세탁 | 한달에 1회 | 3 |
| 24 | 출입문(유리) 닦기 | 수시로 | 1 | 53 | 커튼 세탁 | 석달에 1회 | 4 |
| 25 | 서고의 책, 번호순으로 정리 및 책장의 먼지 제거 | 수시로 | 1 | 54 | 테이블 그릇세트(프림, 설탕, 식초 등 내용물 확인후 교체 오디오 관리(CD, Tape/선곡) | 매일 | 1 |
| 26 | 잡지대 정리(정기구독책 교체 및 정위치 확인) | 수시로 | 1 | 55 | 아가페 내 분수대 물갈이 및 청소 | 주 1회 | 1 |
| 27 | 컴퓨터 사용 및 자료 관리 | | 1 | 56 | 유리창문 닦기 | 주 1회 | 2 |

• 부록 •

# 상담 준비

| 번호 | 봉사 내용 | 횟수 | 인원 | 번호 | 봉사 내용 | 횟수 | 인원 |
|---|---|---|---|---|---|---|---|
| 57 | 화분관리/조명기구 청소 및 교체 | 매일/수시로 | 1 | 85 | 문서자료 목록정리(Index) | 주 2회 이상 | 1 |
| 58 | 1층 유리문 닦기(정.후문, 아가페) | 매일 | 2 | 86 | Video Tape 녹화내용 정리 | 1주에 5개 이상 | 7 |
| 59 | 바닥 청소 및 휴지통 비우기 | 월-수요일 | 1 | 87 | Video Tape 번호별로 정리 | 주 1회 이상 | 2 |
| 60 | 바닥 청소 및 휴지통 비우기 | 목-토요일 | 1 | 88 | Video Tape 녹화내용 파일화 | 주 3회 이상 | 3 |
| | 선교센타 1층 로비 | | | 89 | 센타 홍보자료 메일링 | (비정기적) | 5 |
| 61 | 현관 분수대 물갈이 및 청소 | 주 1회 | 1 | | 선교센타 2층 - 남자화장실 | | |
| 62 | 1층 바닥 및 2층 올라가는 계단청소 | 매일 | 1 | 90 | 세면대, 거울, 바닥, 유리창 청소 | 월-수요일 | 1 |
| 63 | 거울닦기/시계(시간 확인, 건전지) | | | 91 | 〃 | 목-토요일 | 1 |
| | 선교센타 1층 - 남자화장실 | | | 92 | 비누, 티슈 등 물품확인 및 교체 휴지통 비우기 | 매일 | 1 |
| 64 | 세면대 양변기 및 바닥, 유리창 | 월, 화요일 | 1 | | | | |
| 65 | 〃 | 수, 목요일 | 1 | | 여자화장실 | | |
| 66 | 〃 | 금, 토요일 | 1 | 93 | 세면대, 거울, 바닥, 유리창 청소 | 월-수요일 | 1 |
| 67 | 〃 | 주일찬양예배 후 | 1 | 94 | 세면대, 거울, 바닥, 유리창 청소 | 목-토요일 | 1 |
| 68 | 샤워실/비누, 티슈 등 물품점검 및 관리 | 수시로 | 1 | 95 | 비누, 티슈 등 물품확인 휴지통 비우기 | 매일 | 1 |
| | 선교센타 1층 - 여자화장실 | | | | | | |
| 69 | 세면대, 양변기 및 바닥, 유리창 | 월, 화요일 | 1 | | 선교센타 3층 - 살롬관 | | |
| 70 | 〃 | 수, 목요일 | 1 | 96 | 301호 : 방, 욕실 청소 및 비품확인 | 책임하에 수시로 | 1 |
| 71 | 〃 | 금, 토요일 | 1 | 97 | 가구 및 가전제품 기능확인 | | |
| 72 | 〃 | 주일찬양예배 후 | 1 | 98 | 301호 : 유리창문 닦기, 커튼 세탁 | 2개월에 1회 | |
| 73 | 샤워실/비누, 티슈 등 물품점검및관리 | 수시로 | 1 | 99 | 301호 : 시트세탁 | 2일에 1회 | |
| | 선교센터 2층 - 로비 | | | 100 | 302호 : 방청소 및 비품확인, 교체 가구 및 가전제품 기능확인 | 책임하에 수시로 | 1 |
| 74 | 수족관 물갈이 및 청소 | 월 1회 | 1 | | | | |
| 75 | 수족관 물고기 먹이주기 | 매일 | 1 | 101 | 302호 : 유리창문 닦기, 커튼 세탁 | 2개월에 1회 | 1 |
| 76 | 응접세트 청소(바닥 포함) 시계, 시간 및 건전지 확인 및 교체 | 주 2회 수시로 | 1 | 102 | 302호 : 시트세탁 | 2일에 1회 | 1 |
| | | | | 103 | 303호(주방) : 바닥, 유리창문,싱크대 | 주 2회 | 1 |
| | 솔로몬관 | | | 104 | 303호 : 식기, 가전제품 기능확인 및 관리/연료 확인 | 수시로 | 1 |
| 77 | 바닥 및 3층 올라가는 계단청소 | 매일 | 1 | | | | |
| 78 | 바닥, 책걸상, 칠판 청소 및 정리 | 주 3회 이상 | 2 | 105 | 304호 : 방, 욕실청소 및 비품확인 가구 및 가전제품 기능확인 | 책임하에 수시로 | 1 |
| 79 | 유리창 닦기/신발장정돈 및 청소 | 주 1회 이상 | 1 | | | | |
| 80 | 복도바닥, 유리창 청소/현관 신발장 | 주 1회 이상 | 1 | 106 | 304호 : 유리창문 닦기, 커튼세탁 | 2개월에 1회 | |
| | 소회의실 | | | 107 | 304호 : 시트세탁 | 2일에 1회 | |
| 81 | 바닥, 유리창 청소 | 월-수요일 | 1 | | 선교센타 3층 - 은혜관 | | |
| 82 | 바닥, 유리창 청소 | 목-토요일 | 1 | 108 | 시온관(307호)바닥, 책걸상 청소 | 주 3회 이상 | 2 |
| 83 | 책걸상 청소 및 정리 | 주 2회 이상 | 1 | 109 | 시온관 밖 비상계단 청소 | 주 1회 | 1 |
| | 선교정보자료실(선교 사무실) | | | 110 | 시온관 유리창문 닦기 신발장 정돈 및 청소 | 주 1회 이상 | 1 |
| 84 | 문서자료 정리 및 파일화 | 매일 | 2 | | | | |

150

• 부록 •

# 상담 준비

| 번호 | 봉사 내용 | 횟수 | 인원 | 번호 | 봉사 내용 | 횟수 | 인원 |
|---|---|---|---|---|---|---|---|
| 111 | 복도바닥, 유리창 청소 | 주 1회 이상 | 1 | 139 | 415호 : 401호와 동일 | 〃 | 1 |
| 선교센타 3층 - 로비 | | | | 140 | 416호 : 방청소 및 유리창 닦기 비품, 가구상태 확인 및 관리 | 〃 | 1 |
| 112 | 바닥 및 4층 올라가는 계단청소 | 매일 | 1 | | | | |
| 선교센타 3층 - 남자화장실 | | | | 141 | 416호 : 시트(침구류) 세탁 | 〃 | 2 |
| 113 | 세면대, 바닥, 양변기 청소 | 월, 화요일 | 1 | 142 | 417호(주방) : 407호와 동일 | 〃 | 1 |
| 114 | 〃 | 수, 목요일 | 1 | 선교센타 4층 - 남자화장실 | | | |
| 115 | 〃 | 금, 토요일 | 1 | 143 | 세면대, 거울, 바닥, 유리창 청소 | 월, 화요일 | 1 |
| 116 | 〃 | 주일찬양예배 후 | 1 | 144 | 〃 | 수, 목요일 | 1 |
| 117 | 샤워실, 유리창 닦기 및 물품확인 및 교체 | 수시로 | 1 | 145 | 〃 | 금, 토요일 | 1 |
| 여자화장실 | | | | 146 | 〃 | 주일찬양예배 후 | 1 |
| 118 | 세면대, 바닥, 양변기 청소 | 월, 화요일 | 1 | 147 | 샤워실, 유리창 닦기 및 물품확인 및 교체 | 수시로 | 1 |
| 119 | 〃 | 수, 목요일 | 1 | 여자화장실 | | | |
| 120 | 〃 | 금, 토요일 | 1 | 148 | 세면대, 거울, 바닥, 유리창 청소 | 월, 화요일 | 1 |
| 121 | 〃 | 주일찬양예배 후 | 1 | 149 | 〃 | 수, 목요일 | 1 |
| 122 | 샤워실, 유리창닦기 및 물품확인 및 교체 | 수시로 | 1 | 150 | 〃 | 금, 토요일 | 1 |
| 선교센타 4층 - 루디아관 | | | | 151 | 〃 | 주일찬양예배 후 | 1 |
| 123 | 401호 : 방청소 및 유리창문닦기 커튼세탁 및 시트세탁 | 책임하에 수시로 | 1 | 152 | 샤워실, 유리창닦기 및 물품확인 및 교체 | 수시로 | 1 |
| | | | | 본당 | | | |
| 124 | 402호 : 401호와 동일 | 〃 | 1 | 153 | 강대상 및 단상의자 닦기 단상의 방석 세탁 | 주 1회 1년에 3회 | 1 |
| 125 | 403호 : 401호와 동일 | 〃 | 1 | | | | |
| 126 | 404호 : 401호와 동일 | 〃 | 1 | 154 | 강대상화분(6개) 물주고 가꾸기 | 수시로 | 1 |
| 127 | 405호 : 401호와 동일 | 〃 | | 155 | 피아노 및 올갠, 드럼 손질 | 수시로 | 1 |
| 128 | | | | 156 | 에어콘 내외부 청소(먼지제거) | 계절별로 | 1 |
| 129 | 406호 : 방청소 및 유리창 닦기 비품, 가구 상태 확인 및 관리 | 〃 | 1 | 157 | 현관의 화분(2개) 물주고 가꾸기 | 수시로 | 1 |
| | | | | 158 | 소화기 매주 점검하기 | 주 1회 이상 | 1 |
| 130 | 406호 : 시트(침구류) 세탁 | 〃 | 2 | 159 | 예배실 천장의 거미줄 제거 | 1년에 2회 | 3 |
| 131 | 407호(주방) : 식기류 및 싱크대 바닥, 유리창 청소 | 〃 | 1 | 160 | 현관 거울 닦기 | 주 1회 이상 | 1 |
| | | | | 161 | 전기 배선, 화재예방 매주 점검 | 매주 1회 | 1 |
| 바울관 | | | | 162 | 선풍기 청소 및 관리 점검 | 여름철 | 2 |
| 132 | 408호 : 401호와 동일 | 책임하에 수시로 | 1 | 163 | 긴의자 및 방석 체크 및 수리 | 수시로 | 2 |
| 133 | 409호 : 401호와 동일 | 〃 | 1 | 164 | 공중전화박스 및 광고판 청소 | 수시로 | 1 |
| 134 | 410호 : 401호와 동일 | 〃 | 1 | 165 | 2층 유아실 바닥 및 창문 청소 | 주 1회 | 2 |
| 135 | 411호 : 401호와 동일 | 〃 | 1 | 166 | 2부 예배 후 휴지줍기 | 매주 주일 | 1 |
| 136 | 412호 : 401호와 동일 | 〃 | 1 | 167 | 본당의 유리창 닦기(20개) | 석달에 한 번 | 10 |
| 137 | 413호 : 401호와 동일 | 〃 | 1 | 168 | 커튼 세탁 | 연 2회 | 20 |
| 138 | 414호 : 401호와 동일 | 〃 | 1 | | | | |

• 부록 •

# 상담 준비

| 번호 | 봉사 내용 | 횟수 | 인원 | 번호 | 봉사 내용 | 횟수 | 인원 |
|---|---|---|---|---|---|---|---|
| | 지하예배실 | | | | 교회차량운전봉사(각 예배시) | | |
| 169 | 바닥 청소 및 주변 정리 | 매주 토요일 | 4 | 190 | 주일 새벽 : 그레이스(12인승) | □올 때 □갈 때 | |
| 170 | 방석세탁 및 수선 | 연 2회 | 3 | 191 | 〃 : 그레이스(15인승) | | |
| 171 | 커튼세탁 | 연 2회 | 2 | 192 | 〃 : 중형(25인승) | | |
| 172 | 신발장 정돈 및 청소 | 주 1회 | 1 | 193 | 주일 2부 : 그레이스(12인승) | | |
| | 소망관 | | | 194 | 〃 : 그레이스(15인승) 1호 | | |
| 173 | 남자화장실 청소 | 월, 수요일 | 1 | 195 | 〃 : 그레이스(15인승) 2호 | | |
| 174 | 〃 | 목, 토요일 | 1 | 196 | 〃 : 중형(25인승) | | |
| 175 | 여자화장실 청소 | 월, 수요일 | 1 | 197 | 주일 3부 : 그레이스(12인승) | | |
| 176 | 여자화장실 청소 | 목, 토요일 | 1 | 198 | 〃 : 그레이스(15인승) 1호 | | |
| 177 | 소망관 앞 휴지통 비우기 | 매일 | 1 | 199 | 〃 : 그레이스(15인승) 2호 | | |
| 178 | 2층 바닥, 창문 청소 | 주 1회 이상 | 2 | 200 | 〃 : 중형(25인승) | | |
| | 벳새다 | | | 201 | 저녁 찬양예배 : 그레이스(12인승) | | |
| 179 | 바닥, 유리창 청소 | 주 1회 | 2 | 202 | 〃 : 그레이스(15인승) | | |
| 180 | 신발장, 소화기 정돈 및 청소 주일 점심식사 후 밥상 정리 | 주 1회 | 2 | 203 | 〃 : 중형(25인승) | | |
| | | | | 204 | 수요 저녁예배 : 그레이스(12인승) | | |
| 181 | 커튼 세탁 | 연 2회 | 5 | 205 | 〃 : 그레이스(15인승) | | |
| 182 | 방석세탁 및 수선 | 석달에 한 번 | 10 | 206 | 〃 : 중형(25인승) | | |
| | 〈 외곽 청소 〉 | | | 207 | 금요 철야예배 : 그레이스(12인승) | | |
| | | | | 208 | 〃 : 그레이스(15인승) | | |
| | | | | 209 | 〃 : 중형(25인승) | | |
| | | | | 210 | 자기차량운전봉사(요일, 시간, 차종, 방향 등 기록요) | | |
| | | | | | 교회차량세차(차종별) | | |
| | | | | 211 | 그레이스 3대 | 수시로 | 3 |
| | | | | 212 | 중형버스 1대 | 수시로 | 2 |
| | | | | 213 | 승용차 2대 | 수시로 | 2 |
| | | | | | 예배반주 및 악기연주 봉사 | | |
| | | | | 214 | 피아노 반주 | 주일 새벽예배 | 1 |
| | | | | 215 | 〃 | 주일 1부예배 | 1 |
| 183 | ① 본당 앞마당 청소 | 매일 | 1 | 216 | 〃 | 주일 2부예배 | 1 |
| 184 | ② 농구장 청소 | 매일 | 1 | 217 | 〃 | 주일 3부예배 | 1 |
| 185 | ③ 본당과 선교센타 건물사이 청소 | 매일 | 1 | 218 | 〃 | 주일 찬양예배 | 1 |
| 186 | ④ 선교센타건물과 유치원사이 청소 | 매일 | 1 | 219 | 〃 | 수요 저녁예배 | 1 |
| 187 | ⑤ 쓰레기장 주변 청소 | 매일 | 1 | 220 | 〃 | 금요 철야예배 | 1 |
| 188 | ⑥ 벳새다 옆 소방도로 청소 | 매일 | 1 | 221 | 〃 | 청년부 예배 | 1 |
| 189 | ⑦ 놀이터(기구파손확인) 및 청소 | 매일 | 1 | 222 | 〃 | 초등부 예배 | 1 |

• 부록 •

## 상담 준비

| 번호 | 봉사 내용 | 횟수 | 인원 | 번호 | 봉사 내용 | 횟수 | 인원 |
|---|---|---|---|---|---|---|---|
| 223 | 피아노 반주 | 유년부 예배 | 1 | 239 | 어학 : 일어 | | |
| 224 | 〃 | 유치부 예배 | 1 | 240 | 어학 : 영어 | | |
| 225 | 〃 | 영아부 예배 | 1 | 241 | 어학 : 중국어 | | |
| 226 | 전자오르간 반주 | 주일 2부 예배 | 1 | 242 | 어학 : 기타어 | | |
| 227 | 〃 | 주일 3부 예배 | 1 | 243 | 사진, 비디오 촬영 | | |
| 228 | 〃 | 주일 찬양예배 | 1 | 244 | 배관 | | |
| 229 | 〃 | 수요 저녁예배 | 1 | 245 | 보일러 | | |
| 230 | 키보드 반주 | 주일 찬양예배 | 1 | 246 | 양재 | | |
| 231 | 〃 | 주일 영어예배 | 1 | 247 | 요리 | | |
| 232 | 기타 연주 가능한 악기 (상세히 적을 것) | | | 248 | 그밖에 가능한 내용을 상세히 적을 것 | | |
| | 선교사 기술 훈련 자원봉사 | | | | | | |
| 233 | 이발 | | | | | | |
| 234 | 미용 | | | | | | |
| 235 | 수지침 | | | | | | |
| 236 | 운전 | | | | | | |
| 237 | 자동차 정비 | | | | | | |
| 238 | 컴퓨터 | | | | | | |

------- 절 취 선 -------

# 봉사 신청서

_____ 교구   구역/구역장 : _____

| 이름 | | | | 성별 | 남 · 여 | 생년월일 | |
|---|---|---|---|---|---|---|---|
| 봉사 수량 | ① 1가지 일 ☐ ② 2가지 일 ☐ ③ 3가지 일 ☐ | | 선택 번호 | 1 지 망 | | 2 지 망 | 3 지 망 |
| 인쇄된 봉사내용외에 하고 싶은 일 | 봉사명 | | 봉사내용 | | 봉사요일 및 시간 | | 기타 |
| | | | | | | | |

• 부록 •

# 상담 준비

## 개인신상 조사카드 - 4C

아래의 목록표는 울산시민교회 등에서 진행하고 있는 교회 봉사를 위한 자료를 취합한 것입니다.

### A. 현재 사역

| 대분류 | 중분류 | 소분류 | 인원 | 대분류 | 중분류 | 소분류 | 인원 |
|---|---|---|---|---|---|---|---|
| 목회 · 교육 | 예배 위원회 | 예배준비부 | | 선교 · 전도 | 해외선교 위원회 | 필리핀선교지원부 | |
| | | 교회음악부 | | | | 베트남선교지원부 | |
| | | 성례부 | | | 지역선교 위원회 | 전도훈련부 | |
| | | 안내부 | | | | 노방전도부 | |
| | | 의전부 | | | | 병원선교부 | |
| | | 꽃꽂이부 | | | | 긍휼사역부 | |
| | | 유아관리부 | | | 특수선교 위원회 | 구치소전도부 | |
| | 양육 위원회 | 구역장훈련부 | | | | 장애인선교부 | |
| | | 새가족관리부 | | | | 의료선교부 | |
| | | 일대일양육부 | | | | 외국인선교부 | |
| | | 제자훈련원 | | 복지 · 봉사 | 경조위원회 | 결 혼 부 | |
| | | 심방부 | | | | 장 례 부 | |
| | 중보기도사역 위원회 | 기도행정관리부 | | | | 후 생 부 | |
| | | 기도회시설관리부 | | | 봉사위원회 | 환경미화부 | |
| | 주교교육 위원회 | 주일학교공동체 | | | | 식당관리부 | |
| | | 학원선교연구부 | | | 차량위원회 | 차량운전부 | |
| | | 교사훈련원 | | | | 차량수리부 | |
| | | 정보자료수집부 | | | | 교통안내부 | |
| | | 도서실운영부 | | 교회행정 · 지원 | 기획위원회 | 교회발전연구부 | |
| | 젊은이사역 위원회 | 청년부 | | | | 기 획 부 | |
| | | 대학부 | | | | 교육실행부 | |
| | | | | | | 홍보보도부 | |
| | | | | | 문서관리 위원회 | 문서출판부 | |
| | | | | | | 역사자료보존부 | |
| | | | | | | 교회신문사 | |
| | | | | | 교회관리 위원회 | 일반관리부 | |
| | | | | | | 영선시설부 | |
| | | | | | | 방 송 실 | |
| | | | | | 재정위원회 | 재 정 부 | |

155

• 부록 •

## 상담 준비

### B. 미래 사역

| | 중분류 | 소분류 | 필요인원 |
|---|---|---|---|
| 선교 · 전도 | 지역선교위원회 | 전도폭발훈련부 | |
| 목회 · 교육 | 양육위원회 | 프리셉트사역부 | |
| 복지 · 봉사 | 구제위원회 | 역전식사제공부 | |
| | | 목요노인식사제공부 | |

※ 여기서 언급되는 미래 사역이란 현재 교회에서 사역이 진행되고 있지 아니하나, 장차 네크워크 사역을 통해 발굴된 인적 자원을 결합시켜서 진행하고자 계획된 사역을 의미한다.

• 부록 •

## 다음 단계

이름 : _____

내가 취해야 할 다음 단계는 아래에 기록한 사역들에 관해 연락하고 접촉을 하여 네트워크의 마지막 단계인 봉사를 하는 것입니다.

상담자와 내가 현재 나에게 합당하다고 합의하지 못한 사역은 :

```
┌─────────────────────────────┐
│                             │
│   M:                        │
│                             │
│                             │
└─────────────────────────────┘
```

사역 A
접촉할 사람 _____
전화번호 _____

사역 B
접촉할 사람 _____
전화번호 _____

사역 C
접촉할 사람 _____
전화번호 _____

```
┌─────────────────────────────────────────────────────┐
│                                                     │
│   나의 상담자 _____ │
│                                                     │
│   전화번호 _____  상담 일자 _____ │
│                                                     │
└─────────────────────────────────────────────────────┘
```

• 부록 •

# 인도자를 위하여

제1장
p.3  열매, 사역
p.6  영원한 하나님 나라
p.7  발견, 모습, 상담, 적합한, 봉사, 목적
p.8  하나님, 이웃, 하나님, 사랑, 이웃, 사랑
p.9  예배, 강건하게 합니다
p.10 어느 곳, 무엇, 어떻게

제2장
p.14 하나님, 어느 곳에서

제3장
p.24 하나님, 무엇
p.25 특별한 능력, 성령, 신자, 계획, 은혜, 유익
p.26 독특한
p.28 성숙
p.31 같은 목적

제4장
p.34  1. 지혜  2. 지식  3. 믿음  4. 병고침
      5. 능력  6. 예언  7. 영분별  8. 방언
      9. 통역  10. 사도  11. 교사(가르침)
      12. 돕는 것  13. 다스림(행정관리, administration)
p.35  14. 권위(격려)  15. 구제  16. 지도력(leadership)  17. 긍휼  18. 전도
      19. 목사(목자;shepherding)
      20. 대접(hospitality)

p.36  21. 재주(craftsmanship)(재능)
      22. 중보기도(intercession)
      23. 예능 또는 창의적 의사 전달 (creative communication)

p.38-45

| 영적은사 | 연관된 특성 | 기여분야 |
|---|---|---|
| 1. 다스림(행정관리) | B | 효율성 |
| 2. 사도직 | A | 개척사역 |
| 3. 재주(재능) | D | 기술 |
| 4. 예능 | F | 예술적 표현 |
| 5. 영분별 | C | 명료성 |
| 6. 권위 | E | 격려함 |
| 7. 전도 | K | 복음 |
| 8. 믿음 | I | 확신 |
| 9. 구제 | J | 자원 |
| 10. 병고침 | L | 온전케 함 |
| 11. 돕는 것 | G | 지원 |
| 12. 대접 | H | 영접 |
| 13. 도고 | N | 보호 |
| 14. 통역 | R | 이해 |
| 15. 지식 | P | 깨우침 |
| 16. 지도력 | O | 방향제시 |
| 17. 긍휼 | Q | 돌봄 |
| 18. 능력 | M | 하나님의 능력 |
| 19. 예언 | W | 죄를 깨우침 |
| 20. 목사(목자) | T | 양육 |
| 21. 교사 | S | 적용 |
| 22. 방언 | U | 메시지 |
| 23. 지혜 | V | 인도 |

제5장
p.99  * 은사강요(자신의 강한 은사를

• 부록 •

타인도 발휘하도록 요청하고자 하는 태도)
* 은사교만(자신의 은사가 가장 중요하며 따라서 이 은사를 특출나게 발휘하는 자신이 중요한 인물이라고 착각하는 경향)
* 은사부정(자신은 은사를 가지고 있지 않다거나 자신의 은사를 하찮다고 여기는 태도)

제6장
p.106 하나님 나라의 영광
p.108-109

|  | 사랑이 없는 봉사 | 사랑으로하는 봉사 |
|---|---|---|
| 봉사의 근거 | 의무감 | 순종 |
| 봉사의 동기 | 다른 사람의 시선 | 하나님의 시선 |
| 봉사의 자세 | 그것은 내 일이 아니라는 태도로 임하는 자세 | 어떤 일이든지 자발적으로 하고자 하는 자세 |
| 사역의 관심 | 나의 유익 | 하나님의 유익 |
| 봉사의 정신 | 나의 자부심 | 겸손 |
| 봉사의 결과 | 자기 추구 (자기 영광) | 하나님의 영광 |

제7장
p.114 어떻게 봉사할 것인가
p.115 과업, 과업성취, 인간관계, 사람들과의 직접적인 교류
p.116 포괄적으로, 자연스럽게 자발적으로, 명확하게, 계획성있게 지속적으로
p.120 다양한 목적, 어떻게
p.121 자연스럽게 자발적으로 안정적, 잘 짜여진 환경
p.123 설명, 면죄부

제8장
p. 131 봉사자 프로필, 핵심적인 사명

* 이 자료는 한국어권에서는 최초로 워싱톤중앙장로교회에서 사용하여 임상작업을 한 후 편찬한 것입니다. 이 일에 물심양면으로 뒷받침을 해준 이원상목사님과 동교회 지도자들에게 심심한 사의를 표합니다. - 프리셉트성경연구원

"주를 경외하게 하는 주의 말씀을 주의 종에게 세우소서"(시 119:38)

## 하나님의 말씀으로 사람을 세우는
# 프리셉트성경연구원

프리셉트성경연구원(Precept Ministries International)은 미국에 본부를 둔 초교파적인 복음주의 기독교 단체로서, 사람들을 하나님의 말씀으로 무장시키고 삶의 전 영역에서 하나님을 섬기도록 돕는 데 그 비전과 목표를 두고 있습니다.

프리셉트성경연구원은 1년에 약 12주씩 4학기(3월, 6월, 9월, 12월 개강) 동안 매주 월요일에 귀납적 성경연구 세미나와 강해설교 학교를 진행합니다.

### 프리셉트성경연구원의 사역은 다음과 같습니다.

1. 하나님의 말씀으로 세운다 _ 귀납적 성경연구 사역
2. 하나님의 사람을 세운다 _ 문서 사역
3. 하나님의 교회를 섬긴다 _ 목회 은사 개발 사역
4. 하나님의 사람을 파송한다 _ 프리셉트 선교 사역

---

**프리셉트성경연구원 사역 문의 및 연락처**

서울시 서초구 청룡마을길 8-1(신원동) Tel: 02-588-2218 Fax: 02-588-2268
www.precept.or.kr

# 〈프리셉트 어린이 신앙전기 도서〉

**프리셉트 어린이 신앙전기 ❶**
## 파란 눈의 중국인 선교사 **허드슨 테일러**

중국인들의 친구가 된 허드슨 선교사의 이야기. 그는 어려움에 닥칠 때마다 하나님을 의지하며 기도의 힘으로 이겨 냈다.   값 8,000원

**프리셉트 어린이 신앙전기 ❷**
## 고아들의 영웅 **조지 뮬러**

고아들을 돌보며 영혼을 구원하는 일에 전념했던 조지 목사. 그가 행한 섬김의 삶이 얼마나 복된 것인지 볼 수 있다.   값 8,000원

**프리셉트 어린이 신앙전기 ❸**
## 고통 속에서 희망을 노래하는 **코리 텐 붐**

나치가 지배하던 세상은 증오심으로 미쳐가고 있었다. 그 속에서 코리는 말씀을 통해 희망을 노래할 수 있었다.   값 7,500원

**프리셉트 어린이 신앙전기 ❹**
## 달리기 챔피언 선교사 **에릭 리들**

에릭은 주일에 달릴 수 없다는 이유로 경기를 포기했다. 대신 그는 하나님의 인도하심으로 크나큰 영광을 받게 된다.   값 8,000원

**프리셉트 어린이 신앙전기 ❺**
## 꿈과 열정의 전도자 **빌 브라이트**

평생 뜨거운 전도의 열정을 품고 세계를 누빈 빌 브라이트. 그의 삶은 실천하는 참된 신앙인이란 무엇인지 보여 준다.   값 10,000원

**프리셉트 어린이 신앙전기 ❻**
## 살아 있는 순교자 **리처드 범브란트**

리처드는 핍박을 당하는 상황에서도 모든 사람을 하나님의 사랑으로 용서했다. 또한 믿음을 지키며 그들을 위해 기도했다.   값 8,000원

**프리셉트 어린이 신앙전기 ❼**
## 종교 개혁의 횃불을 든 **마틴 루터**

루터의 용기 있는 신앙이 타락한 교회를 주님만을 바라보는 교회로 변화시켰고, 성경이 말하는 진리를 깨닫게 했다.   값 8,000원

프리셉트 T.02-588-2218 | www.precept.or.kr

프리셉트 어린이 신앙전기 ❽
## 열정의 복음 전도자 디엘 무디
하나님은 열정으로 가득한 무디를 통해 사람들에게 말씀을 전하셨으며, 오랫동안 방황하던 영혼들을 새롭게 변화시키셨다.  값 10,000원

프리셉트 어린이 신앙전기 ❾
## 버마를 구한 하나님의 사람 아도니람 저드슨
최초의 미국인 선교사 아도니람 저드슨. 하나님은 그의 재능을 사용하셔서 많은 버마인을 주님의 품으로 인도하셨다.  값 8,000원

프리셉트 어린이 신앙전기 ❿
## 어둠을 밝힌 위대한 종교 개혁가 존 칼빈
종교 개혁의 기틀을 마련한 신학자 존 칼빈. 그는 세상을 향해 빛을 비추는 진정한 믿음의 삶이란 무엇인지 알게 해준다.  값 10,000원

프리셉트 어린이 신앙전기 ⓫
## 천로역정을 저술한 믿음의 순례자 존 번연
회심 후 강한 믿음을 가진 존 번연은 평생 설교에 매진했으며, 그가 집필한 『천로역정』은 지금까지 사랑을 받고 있다.  값 9,800원

프리셉트 어린이 신앙전기 ⓬
## 나치에 저항한 행동하는 양심 디트리히 본회퍼
주님은 본회퍼에게 믿음을 위해 저항할 용기를 주셨다. 그는 하나님께서 주시는 힘으로 나치 정권에 끝까지 맞섰다.  값 9,000원

프리셉트 어린이 신앙전기 ⓭
## 부흥의 불꽃을 일으킨 천재 신학자 조나단 에드워즈
조나단은 모든 순간 하나님의 영광을 선포하고자 했다. 그는 결국 주님의 도우심으로 실천하는 신앙인이 될 수 있었다.  값 9,800원

프리셉트 어린이 신앙전기 ⓮
## 위대한 복음의 밀수꾼 브라더 앤드류
철의 장막을 뚫고 성경책을 몰래 배달한다는 사역은 쉽지 않았다. 그러나 복음을 전하기 위해서는 포기할 수 없는 일이었다.  값 9,800원

프리셉트 어린이 신앙전기 ⓯
## 노예상인 출신 복음 전도자 존 뉴튼
노예무역선 선장이었던 존 뉴튼은 하나님의 은혜를 깨닫고 자기 모습을 반성했다. 이후 그는 목회자가 되어 노예제 폐지에 힘썼다.  값 10,000원

프리셉트 T. 02-588-2218 | www.precept.or.kr

# PRECEPT BOOK LIST

## I 영성 · 자기개발 · 리더십

1. 감동을 창조하는 인간관계 윌리암 J. 디엄
2. 축복의 언어 존 트렌트·게리 스몰리
3. 고통의 의미 케이 아더
4. 참된 성공에 이르는 비결 데이비드 쇼트
5. 성공의 삶을 디자인하라 피터 허쉬
6. 하나님의 주권 케이 아더
7. 축복의 통로 래리 허커
8. 영적 전투에서 승리하는 길 워렌 W. 위어스비
9. Oswald Sanders의 영적성숙 오스왈드 샌더스
10. 성경적 EQ 개발 크리스 터만
11. 영성회복을 위한 40가지 열쇠 스티븐 아테번 외
12. 기도하는 엄마들(소책자) 펀 니콜스
13. 삶을 변화시킨 끄웨르바 이야기 김연수
14. 나비 이야기 프리셉트성경연구원
15. 앤드류 머레이의 온전한 순종 앤드류 머레이
16. 비전의 힘 마일즈 먼로
17. 영광스러운 믿음 엘리자베스 엘리엇

## II 클래식 시리즈

1. 앤드류 머레이의 온전한 순종 앤드류 머레이
2. 현대인을 위한 그리스도를 본받아 토마스 아 켐피스
3. 앤드류 머레이의 하늘문을 여는 기도 앤드류 머레이
4. 현대인을 위한 예수님이라면 어떻게 하실까? 찰스 쉘던
5. 현대인을 위한 어거스틴의 고백록 성 어거스틴
6. 현대인을 위한 참된 목자 리처드 백스터
7. 현대인을 위한 성도의 공동생활 디트리히 본회퍼
8. 현대인을 위한 죄 죽이기 존 오웬
9. 현대인을 위한 천로역정 존 번연
10. 현대인을 위한 제자도의 대가 디트리히 본회퍼

## III 목회 · 교회 · 교육

1. Power! 전도중심교회 김상현
2. OLD&NEW 김우영·김병삼
3. 장로교와 감리교 무엇이 다른가? 김우영
4. 심방설교 핵심파일 프리셉트성경연구원
5. 하나님의 존재증거 케네스 보아·로버트 바우만
6. 네트워크 은사발견 사역(주교재) 빌 하이벨스 외
7. 신앙생활 ABC 박광철

## IV 성경강해

1. 파워리더 여호수아 김경섭
2. 파워리더 느헤미야 김경섭
3. 믿음의 영웅들(히 11장) 김경섭
4. 하늘의 음성(산상수훈) 김경섭
5. 모세 지도력의 비밀(출애굽기) 김경섭
6. 항상 기뻐하라(빌립보서) 김경섭
7. 사사열전(사사기) 김경섭
8. 그리스도의 가상칠언 김경섭
9. 놀라운 하나님의 이름 김경섭
10. 담대한 믿음, 여호수아 이윤재
11. 스토리텔링 다윗 설교(사무엘서) 김연수
12. 지혜로운 生테크 이렇게 하라(전도서) 웨인 슈미트
13. 천국 시크릿(비유 시리즈) 김연수
14. 하나님, 왜 침묵하십니까?(하박국) 케이 아더
15. 복음이란 무엇인가? 김경섭
16. 하나님, 솔직히 돈이 좋아요! 김병삼

## V 설교 및 설교예화

1. 청중을 사로잡는 설교자 캘빈 밀러
2. 존 스토트 설교의 원리와 방법 안병만
3. 열정적 설교 알렉스 몬토야
4. 주제별 말씀 모음집 김경섭 외
5. 홍정길 목사의 301가지 감동 스토리 I·II 프리셉트성경연구원
6. 하나님을 미소짓게 하는 이야기 김병삼
7. 설교, 그 영광의 사역 한진환

## VI 스토리체 성경공부

1. 프리셉트 귀납적 성경연구 방법 케이 아더
2. 하나님을 향한 마음 케이 아더
3. 영적 성장을 위한 길잡이 케이 아더·데이빗 아더
4. 영적 치유 케이 아더
5. 나의 나 된 것은 하나님의 은혜라 케이 아더
6. 하나님 이름에 숨겨진 비밀 케이 아더
7. 하나님의 신실한 언약 케이 아더
8. 하나님, 왜 침묵하십니까?(하박국) 케이 아더
9. 영적전투(에베소서) 케이 아더
10. 주님, 우리에게 기도를 가르쳐주세요(주기도문) 케이 아더
11. 하나님의 의 케이 아더
12. 하나님의 연단 케이 아더
13. 하나님의 나라 케이 아더

## VII 프리셉트 성경
1 (개역/가죽) 중단본 (검정)

## VIII 묵상 · 성경공부
1 큐티합시다 오대희
2 수험생을 위한 100일 QT 프리셉트성경연구원
3 입시생을 위한 60일 묵상 프리셉트성경연구원
4 Q.T 첫 걸음 프리셉트성경연구원
5 효과적인 경건의 시간 케이 아더
6 성경은 과연 믿을 만한가? 어윈 루처
7 묵상하는 사람들 QT(요한복음·요한계시록) 프리셉트성경연구원
8 묵상하는 사람들 QT(서신서 등) 프리셉트성경연구원
9 묵상하는 사람들 QT(여호수아 등) 프리셉트성경연구원
10 묵상하는 사람들 QT(지혜서 등) 프리셉트성경연구원

## IX 가정 · 상담 · 치유
1 성, 그 끝없는 유혹 케이 아더
2 아내를 사랑하는 10가지 방법 한스&도나 핀젤
3 행복한 결혼생활의 비결 케이 아더
4 까다로운 사람들과 함께 만드는 교향곡 윌리암 J. 디엄
5 감동을 창조하는 인간관계 윌리암 J. 디엄
6 감정 치유의 6단계 데이비드 클락
7 찰스 스펄전의 은혜 찰스 스펄전
8 하나님을 향한 마음 케이 아더
9 하나님의 연단 케이 아더

## X 핸드북
1 그리스도와 함께 앤드류 머레이
2 기도, 하나님과의 로망스 후안 카를로스 오르티즈
3 나를 연단하시는 하나님의 섭리 케이 아더
4 십자가 상의 일곱 마디 말씀 김경섭
5 소리나는 스프 홍정길
6 일상에서 배운 삶의 지혜 토드 템플
7 성공을 가로막는 일곱가지 장애 김병삼
8 성공을 디자인하는 삶의 비밀 피터 허쉬
9 인간관계, 감동으로 창조하라 윌리암 J. 디엄
10 영성회복을 위한 40가지 열쇠 스티븐 아터번 외
11 그리스도를 본받아 토마스 아 켐피스

## XI 어린이
1 놀라운 성경 탐험 메리 홀링스위스
2 나의 사랑하는 성경(구약) 오대희
3 나의 사랑하는 성경(신약) 오대희
4 365일 이야기 그림 성경(구약 편) 엘시 이거마이어
5 이야기 그림 성경(신약 편) 엘시 이거마이어
6 어린이를 위한 벤허 루 월리스
7 어린이를 위한 천로역정 존 번연
8 파란 눈의 중국인 선교사 허드슨 테일러 캐서린 맥캔지
9 고아들의 영웅 조지 뮬러 아이린 호왓
10 고통 속에서 희망을 노래하는 코리 텐 붐 체스티 호프 바에즈
11 달리기 챔피언 선교사 에릭 리들 존 케디
12 꿈과 열정의 전도자 빌 브라이트 킴 트위첼
13 살아 있는 순교자 리처드 범브란트 캐서린 맥캔지
14 종교 개혁의 햇불을 든 마틴 루터 캐서린 맥캔지
15 열정의 복음전도자 디엘 무디 낸시 드러먼드
16 버마를 구한 하나님의 사람 아도니람 저드슨 아이린 호왓
17 어둠을 밝힌 위대한 종교 개혁가 존 칼빈 캐서린 맥캔지
18 천로역정을 저술한 믿음의 순례자 존 번연 브라이언 코즈비
19 나치에 저항한 행동하는 양심 디트리히 본회퍼 데이스프링 매클라우드
20 부흥의 불꽃을 일으킨 천재 신학자 조나단 에드워즈 크리스티안 티모시 조지
21 위대한 복음의 밀수꾼 브라더 앤드류 낸시 드러먼드
22 노예상인 출신 복음 전도자 존 뉴턴 아이린 호왓

## XII 청소년
1 말씀으로 치유되는 십대들의 고민 50가지 필 첼머스
2 청소년 365일 묵상집 프리셉트성경연구원
3 청소년을 위한 구약개관 프리셉트성경연구원

## XIII 기도
1 기도하십니까? 후안 카를로스 오르티즈
2 앤드류 머레이의 하늘문을 여는 기도 앤드류 머레이
3 기도하는 엄마들(소책자) 펀 니콜스
4 기도일지 ①, ②, ③, ④ 최복순
5 기도의 열정에 불 붙이라! 펀 니콜스 외
6 한영기도일지 ① 최복순

이 책은 워싱톤중앙장로교회에서 임상교육을 진행한 후 출판한 자료이며
이 책의 번역 편찬에 참여하여 수고하신 동교회의 번역위원은 다음과 같습니다.

백  순 (서울대 경제학과, West Virginia Univ., Ph. D., 동교회 장로)
김민애 (이화여대 영문학과, Ohio State Univ., M.A.)
함흥숙 (서울대 가정학과, George Washington Univ., M.S.)
김영금 (이화여대 영문학과, Chantily 고등학교 ESL Teacher)
이순엽 (수도여대, Trained at Bible Study Fellowship)
김영남 (연세대 정치학과, George Washington Univ., MBA, 동교회 Small Group Leader)

# 네트워크 은사발견 사역

초판 발행 1996년 12월 31일
2판 발행 1997년  5월  9일
3판 발행 1999년 10월 20일
4판 17쇄 2024년  4월 11일

지은이  빌 하이벨스 외
옮긴이  백순 외
발행인  김경섭
발행처  프리셉트선교회(108-82-61175)
등록처  서울시 서초구 청룡마을길 8-1 (신원동) T. 02) 588-2218
판권 ⓒ 프리셉트선교회
국민은행 431401-04-058116(프리셉트선교회)

일부 총판  생명의말씀사
Tel. 02) 3159-7979  Fax. 080-022-8585

값 7,000원

ISBN 978-89-8475-377-8 04230
ISBN 978-89-8475-376-1 04230(세트)